Das Goldene Buch von
FLORENZ

MUSEEN · BILDERGALERIEN · KIRCHEN
PALÄSTE · DENKMÄLER

BONECHI

© Copyright
CASA EDITRICE BONECHI
Via Cairoli 18/b - 50131 Firenze - Italia
Tel. 55/576841 - Fax 55/5000766
E-mail: bonechi@bonechi.it - Internet: www.bonechi.it

Gedruckt in Italien: Centro Stampa Editoriale Bonechi.

Übersetzung: Studio Comunicare, Florenz.

*Die Fotos stammen aus dem Archiv der Casa Editrice Bonechi und
sind von:* Gaetano Barone, Carlo Cantini, Paolo Giambone, Stefano
Giusti, Italfotogieffe, Antonio Lelli, Andrea Pistolesi, Antonio
Quattrone, Alessandro Saragosa, Soprintendenza Archeologica per la
Toscana, Soprintendenza ai Monumenti di Firenze.

ISBN 88-7009-428-6

* * *

Blick auf Florenz vom Monte alle Croci (Giovanni Signorini, Museum von Florenz wie es einmal war).

HISTORISCHER ABRISS

Florenz liegt an den Abhängen des tosko-emilianischen Apennin, in einer weiten Ebene, die vom Arno geformt wurde und mit Hügeln gekrönt ist. Nach einer prähistorischen Besetzung ließ sich schon im 8. Jahrhundert v. Chr. ein italisches Volk der Kultur von Villanova in dem Landstrich zwischen dem Arno und dem Mugnone nieder. Im Jahre 59 v. Chr. wurde die römische Stadt gegründet, die den quadratischen Grundriß der castra hatte; der decumanus maximus folgte der Via del Corso, der Via degli Speziali und der Via Strozzi von heute, während der cardo den Zügen zwischen der Piazza San Giovanni, der Via Roma und der Via Calimala entspricht. Mit dem Einfall der Barbaren wurde Florenz anfangs von den Ostgoten unter Radagaisus besetzt (405), die das Land plünderten, ohne den Erfolg jedoch, die Stadt zu bezwingen, die von den Truppen des Stilikon beschützt wurde, dem es gelang, einen vernichtenden Sieg über sie davonzutragen. Dann war es die Macht der Byzantiner, die die Stadt 539 besetzten, und die der Goten, die sich ihrer 541 bemächtigten. Unter der Herrschaft der Langobarden (570) gelang es der Stadt, eine Art eigene Autonomie zu bewahren, während ihre Einwohnerzahl unter den Franken abnahm und sie einen großen Teil der eigenen Gebiete verlor.
Um das Jahr 1000 beginnt der Aufschwung der Stadt der Lilie, ein Aufschwung, der sich trotz zahlreicher Streitigkeiten, Kriege und innerem Zwist über einige Jahrhunderte hinzog. Man versah die Stadt mit einem neuen Mauerring; es wurden neue religiöse und bürgerliche Gebäude errichtet; gleichzeitig blühten die Künste, die Literatur und der Handel immer mehr. Im Jahre 1183 wurde Florenz zur freien Stadt. In dieser Zeit beginnen die ersten Auseinandersetzungen zwischen zwei Parteien, jener der Guelfen und jener der Gibellinen, die ersten dem Papst treu und die zweiten dem Kaiser; Auseinandersetzungen, die das Gewebe der Stadtbevölkerung zerreißen und sich bis 1268 hinziehen werden.
In dieser Zeit ging die Stadt trotz der unbeständigen sozialen und politischen Situation einem starken Antrieb auf dem Gebiet der Künste und der Literatur entgegen: es waren die Jahre Dantes und des «Dolce stil nuovo», Giottos und Arnolfo di Cambios. Im 15. Jahrhundert setzt Florenz seinen Aufschwung fort; es war eine Handelsstadt, aber auch die neue Wiege der italienischen und sehr bald auch der europäischen Kultur. Viele mächtige Familien (die Pitti, die Frescobaldi, die Strozzi, die Albizi) machten sich damals die Vorherrschaft in der Stadt streitig. Aus allen ragte sehr bald eine mächtige Familie von Bankiers, die der Medici, heraus, die mit dem Stammvater, Cosimo I., später der Ältere genannt, bis zur ersten Hälfte des 18. Jahrhunderts regieren wird und Florenz während des Zeitalters des Humanismus und der Renaissance zur führenden Stadt aufsteigen läßt. Ein Zeitalter, das Persönlichkeiten wie Leonardo da Vinci und Michelangelo herausragen sehen wird; ein Zeitalter, das für Florenz den Augenblick seines höchsten Ansehens bekräftigen wird. Im Jahre 1737 folgten auf die Medici die Lothringer, die fortfuhren, mit der Politik eines gemäßigten Liberalismus zu regieren, auch wenn die große Zeit der florentinischen Kultur nunmehr nach und nach dahinschwand. Während des Risorgimento, der Zeit der italienischen Einigung, wurde die Toskana 1860 dem Königreich Italien durch eine Volksabstimmung angeschlossen. Florenz wurde, auch wenn für kurze Zeit, Hauptstadt der neuen Nation.

Gegenüber und oben: zwei Ansichten des Domes und der Kuppel des Brunelleschi.

DER DOM

DOM

Der Dom ist der Santa Maria del Fiore geweiht und ist das Ergebnis der Arbeit zahlreicher Künstler, die hier viele Jahrhunderte lang tätig waren. 1294 beauftragte die Korporation der Künste Arnolfo di Cambio mit dem Neubau einer Kathedrale als Ersatz für die schon vorher bestehende Kirche Santa Reparata. Die Bauarbeiten fanden sowohl außerhalb als auch innerhalb dieser Kirche statt, die über Jahrzehnte hinweg bis 1375 in Gebrauch war. Die Arbeiten am neuen Dom begannen am 8. September 1286 und zogen sich unter verschiedenen Baumeistern wie Giotto, Andrea Pisano und Francesco Talenti bis 1375 hin, bis zu dem Jahr also, als Santa Reparata abgerissen wurde und ein Teil der Konstruktion Arnolfos neu entworfen wurde. Auf den Bau der **Kuppel** mußte man bis 1420 warten, als Brunelleschi den Wettbewerb um den Bau der enormen Struktur gewann. 1434 waren die Bauarbeiten beendet, und die Kirche wurde zwei Jahre später, 140 Jahre nach Beginn der Arbeiten, geweiht. Die **Laterne**, die 1445 begonnen worden war, wurde 1461 mit der vergoldeten Kugel vollendet. Die gotische Fassade stammt aus dem 19. Jahrhundert.

DIE KUPPEL

Sie ist ein Meisterwerk des Brunelleschi, der sie entwarf und zwischen 1420 und 1434 zur Ausführung brachte. Der große Künstler sah die Konstruktion der enormen Kuppel ohne Verwendung eines Lehrgerüstes vor und verwendete statt dessen miteinander verankerte Rippen und im Fischgratverband angeordnete Ziegelsteine; die Kuppel ist zweischalig mit Zwischenraum, sie wölbt sich ogival (der Tambour besitzt einen Durchmesser von 45.52 m und eine Höhe von 91 m) über dem hohen Tambour. Das Innere der Kuppel, das Brunelleschi ohne Dekorationen geplant hatte, wurde von Vasari und von Zuccari (1572-1579) mit Fresken ausgemalt. Im vorigen Jahrhundert und auch noch vor gar nicht langer Zeit hat man daran gedacht, zu dem reinen ursprünglichen Weiß zurückzukehren. Die ebenfalls von Brunelleschi entworfene **Laterne**, die die Form eines kleinen Tempels besitzt, verleiht dem Dom eine Gesamthöhe von 107 m.

Links: der Campanile von Giotto, der den Entwurf für diesen Turm und teilweise auch einen Teil des Bauwerkes schuf. Gegenüber: die neogotische Fassade des Doms.

DER CAMPANILE GIOTTOS

Am Glockenturm des Doms arbeiteten zwischen 1334 und 1359 der Baumeister Giotto (er machte den Entwurf), Andrea Pisano und Francesco Talenti. Der über 84 Meter hohe Turm mit seinem quadratischen Grundriß (14.45 Meter pro Seite) ist vollständig mit Sechseck— und Rhombenformen geschmückt (Werke von Andrea Pisano, Luca della Robbia, Alberto Arnoldi und ihrer Schule); auch Nischen mit Statuen und falsche Nischen zieren den Campanile. Die unteren Reliefs (heute Abdrücke) stellen das *Leben des Menschen in der Schöpfung* und die *menschlichen Künste* dar; die Reliefs des zweiten Geschosses zeigen die *Planeten*, die *Tugenden*, die *freien Künste* und die *Sakramente*. Die Statuen (die Originale befinden sich im **Museum des Domschatzes**) stellen die *Propheten*, die *Sibyllen* und den *Täufer* dar.

DOM

FASSADE

1587 wurde die unvollendete Fassade des Doms von Arnolfo di Cambio abgerissen. Von diesem Augenblick an folgten fast drei Jahrhunderte lang Entwürfe und Wettbewerbe für die neue Front der Kathedrale. Schließlich wurde 1871 das Projekt des Architekten Emilio de Fabris angenommen (das Werk wurde 1887 abgeschlossen). Diese Fassade im historistischen Geschmack jener Zeit wurde mit demselben Marmor gestaltet, der auch für den übrigen Bau des Doms verwendet wurde; es handelt sich um den weißen Marmor aus Carrara, den grünen aus Prato und den roten aus der Maremma. Über den drei Portalen mit *Szenen aus dem Leben der Maria* befinden sich ebensoviele Lünetten mit, von links, der *Barmherzigkeit*, der *Madonna mit den Schutzpatronen* und dem *Glauben*; der Giebel des mittleren Eingangs trägt eine *Madonna in Glorie*. Zwischen den seitlichen Fensterrosen und der zentralen Rose gibt es einen Fries mit den Statuen der *Apostel* und *Maria*, oben befindet sich außer einer Reihe Künstlerbüsten das Basrelief des *Ewigen Vaters*.

DOM

INNENRAUM

Gemäß den Geboten der italienischen Gotik weist der Dom eine starke vertikale und horizontale Raumgestaltung auf (der Dom ist die viertgrößte Kirche der Welt: Er ist

Oben: der Innenraum des Florentiner Doms; unten: die Büste
von Filippo Brunelleschi. Gegenüber, oben: das Tafelbild des
Domenico di Michelino mit Dante; unten links: das

Reiterstandbild des Niccolò da Tolentino und rechts:
das des Giovanni Acuto.

153 Meter lang, in den Kirchenschiffen 38 Meter und im
Querhaus 90 Meter breit). Die Kirchenschiffe werden
durch Pfeiler mit Lisenen unterteilt, die große, gemäßigte
Spitzbögen und ogivale Kreuzrippengewölbe tragen. Oben
gibt es ein als Laufgang ausgebildetes Konsolgesims,
hinten sieht man den *Hauptaltar* von Baccio Bandinelli,
um den sich die drei **Apsiden** oder Presbyterien
gruppieren, von denen eine jede in fünf Räume unterteilt
ist. Der *Fußboden* aus vielfarbigem Marmor (1526-1660)
ist ein Werk von Baccio und Giuliano d'Angelo, Francesco
da Sangallo und anderen. Im linken Schiff ziehen zwei
Reiterdenkmale die Aufmerksamkeit auf sich. Sie waren
ursprünglich als Fresken gemalt und stellen *Giovanni
Acuto* und *Niccolò da Tolentino* dar. Das erste aus dem
Jahre 1436 stammt von Paolo Uccello; das zweite von
1456 von Andrea del Castagno (man beachte die
entgegengesetzte plastische Gestaltung der beiden
Söldnerführer: die Strenge des einen und die Vitalität des
anderen). Von den zahlreichen anderen Werken erinnern
wir an der Innenfassade an das *Fenster* des Ghiberti; an
das *Grabmal des Antonio d'Orso* von Tino di Camaino
(1321); die Lünette mit der gekrönten Maria von Gaddo
Gaddi; im linken Kirchenschiff an die Ädikula mit Josua
von Ciuffagni, Donatello und Nanni di Bartolo, die Büste
des *Squarcialupi* von Maiano, die Gemälde mit den
Heiligen Cosma und Damiano von Bicci di Lorenzo.

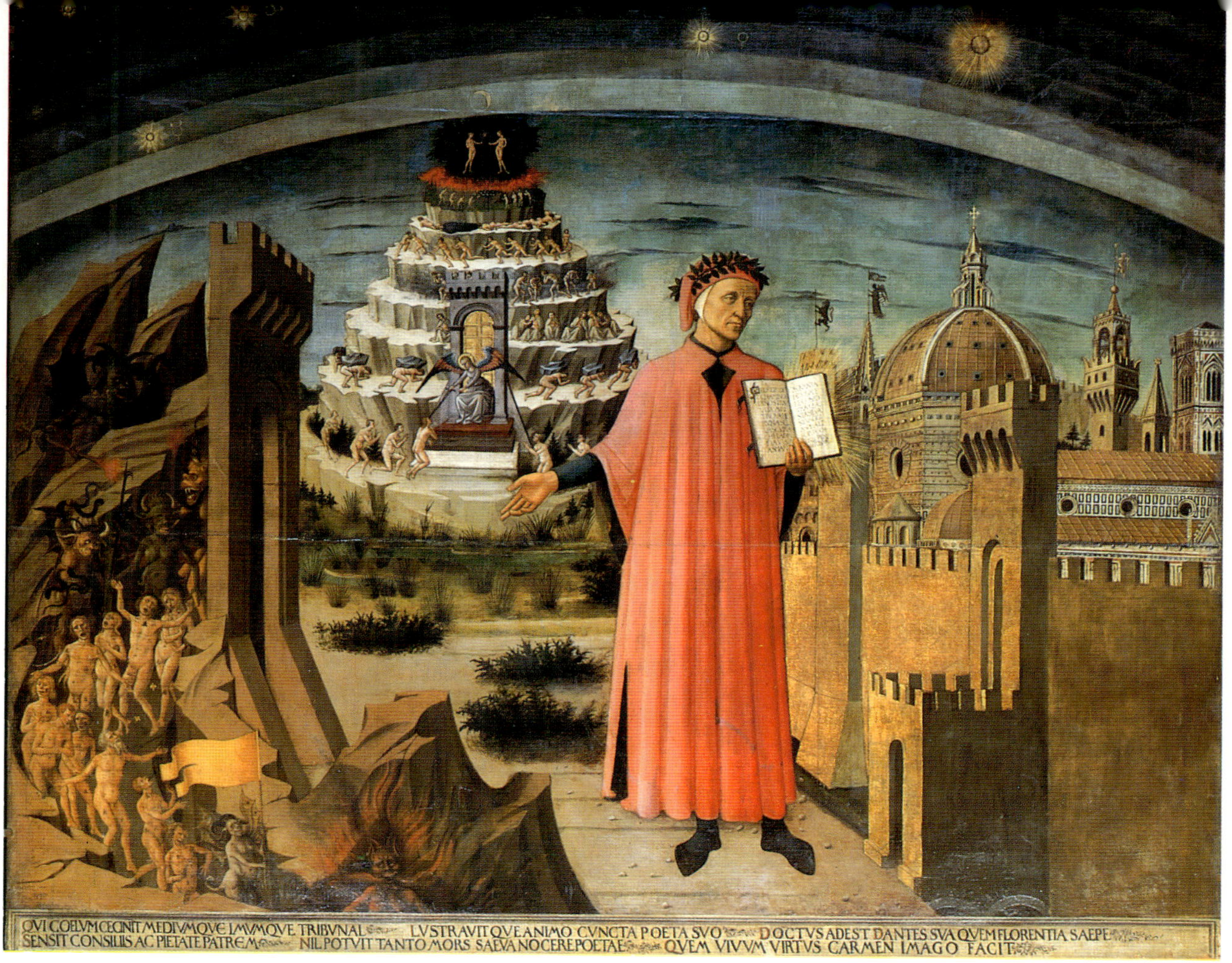
QVI COELVM CECINIT MEDIVMQVE IMVMQVE TRIBVNAL LVSTRAVITQVE ANIMO CVNCTA POETA SVO DOCTVS ADEST DANTES SVA QVEM FLORENTIA SAEPE
SENSIT CONSILIIS AC PIETATE PATREM NIL POTVIT TANTO MORS SAEVA NOCERE POETAE QVEM VIVVM VIRTVS CARMEN IMAGO FACIT

IOANNES ACVTVS EQVES BRITANNICVS DVX AETATIS SVAE CAVTISSIMVS ET REI MILITARIS PERITISSIMVS HABITVS EST
PAVLI VCELLI OPVS

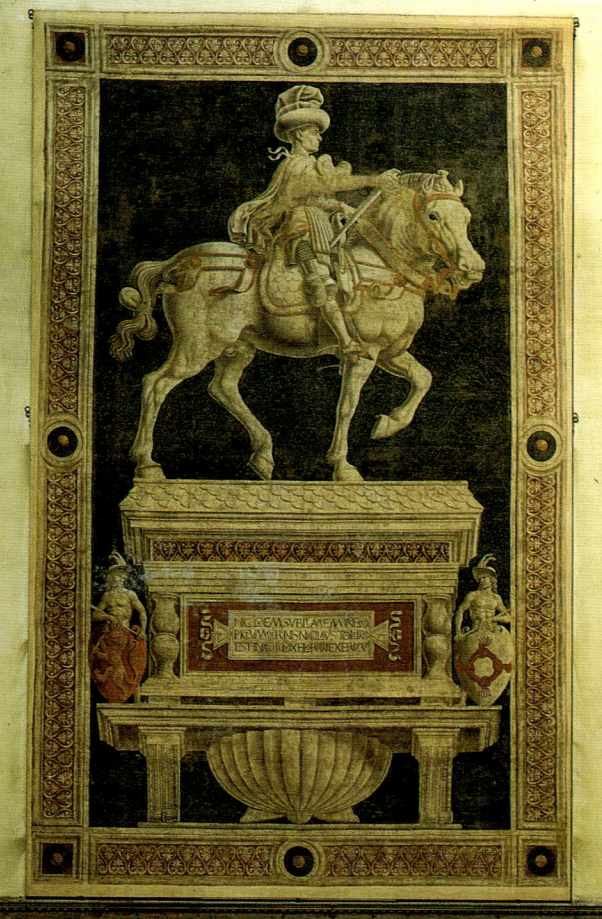

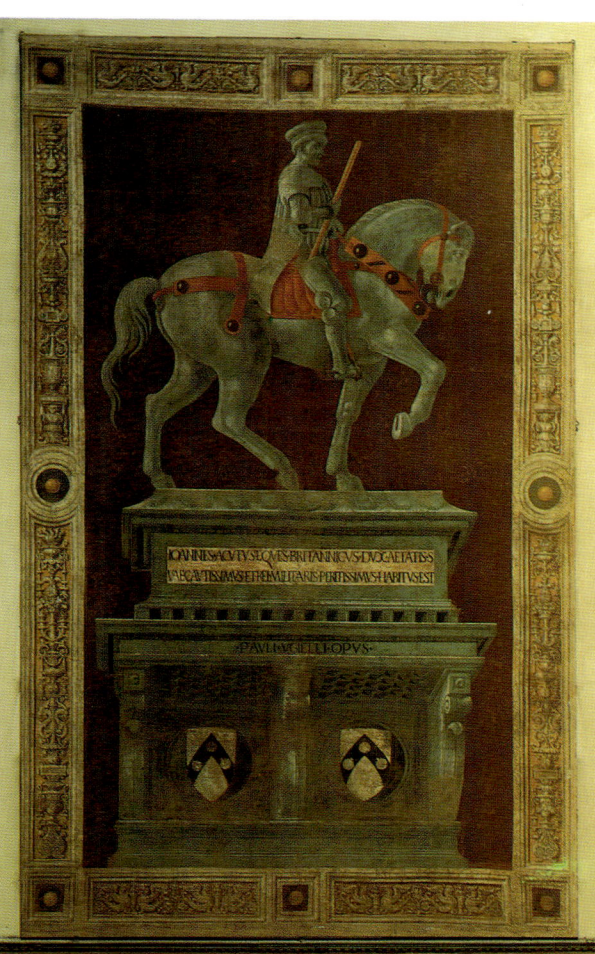

Oben und links: zwei Ansichten der ehemaligen Kirche S. reparata unter dem Dom; gegenüber, oben: das Grabmal des Filippo Brunelleschi und unten: die Überreste eines Freskos mit der Leidensgeschichte Christi.

SANTA REPARATA

Die alte Kathedrale von Florenz war im 4. und 5. Jahrhundert auf den Überresten einer romanischen *Domus* gebaut worden. Sie hatte einen dreischiffigen Grundriß auf Säulen und eine einzige Apsis. Während der byzantinischen Kriege wurde die Kirche zerstört und dann im 7. und 9. Jahrhundert wieder aufgebaut. Obwohl er einen ähnlichen Umfang bewahrte, wurde der ganze Komplex durch zwei Seitenkapellen und die Ersetzung der Säulen durch Pfeiler mit Lisenen bereichert. Zwischen den Jahren 1000 und 1100 wurden im Bereich der Apsis eine Krypta und ein erhöhter Chor gebaut, während außen zwei Glockentürme in der Nähe der Apsis entstanden. Wie schon bekannt ist, wurde Santa Maria del Fiore auf Kosten dieser alten Kirche, die der jungen Heiligen, der Märtyrerin von Cesarea geweiht war, errichtet. Der neue Dom wurde rings um sie herum erbaut, und so wurde sie erst bei seiner völligen Fertigstellung 1375 zerstört. 1966 kamen bei Restaurationsarbeiten am Fußboden des Doms die Überreste der vorherigen Kathedrale zutage. Heute steigt man durch einen Eingang zwischen dem ersten und dem zweiten Pfeiler des rechten Kirchenschiffes des Doms in einen großen Raum hinab, der von dem Architekten Morozzi gestaltet wurde und in dem man die Überreste der *Fresken* bewundern kann, die die Kirche schmückten, die *Grabplatten* einiger Prälaten und einiger öffentlicher Autoritäten (darüber hinaus den Grabstein, der die *Grabstätte Brunelleschis* anzeigt) und Teile des Mosaik-und Ziegelfußbodens.

10

VNA CVM PRISTINO SEPVLCRI TITVLO REPERTA
HIC IN DIGNIOREM STATVM DILIGENTER RESTITVTA
COLLECTA ADSERVANTVR

DAS BAPTISTERIUM

Diese Taufkirche entstand im 4. und 5. Jahrhundert in der Nähe des Nord-Tors des römischen Florenz. Sie ist achteckig und besitzt eine halbkreisförmige, auf ein Podium mit Treppe erhöhte Apsis. Ihr heutiges Aussehen geht auf das 11. bis 13. Jahrhundert zurück: 1128 wurde das glatte, pyramidenförmige Dach vollendet, von 1150 stammt die **Laterne** mit Säulen, 1202 wurde das rechteckige Presbyterium fertiggestellt (die « Scarsella »). Außen weist das Baptisterium eine weiß-grüne Marmorinkrustation auf; jede Fläche wird von Lisenen in drei Teile geteilt, die sich unter einem Gebälk und Rundbögen mit Fenstern befinden. Besonders sehenswert sind die drei *Bronzetüren* und im Innenraum das *Kuppelmosaik.* Das Baptisterium des Heiligen Johannes weist drei Bronzetüren auf: die **südliche Tür** von Andrea Pisano mit *Szenen aus dem Leben des Täufers* und *Allegorien der Tugenden;* die **nördliche Tür** von Ghiberti mit den *Szenen aus dem Neuen Testament,* den *Evangelisten* und den *Kirchenlehrern* und die **östliche Tür** (oder *Paradiestür*). Sie ist ein Meisterwerk des Ghiberti und gilt mit Recht als die berühmteste. Sie ist in zehn Tafeln unterteilt, die *Szenen des Alten Testaments* darstellen und wurde von der Zunft der Händler 1425 bei Ghiberti in Auftrag gegeben. Dank der perfekten Ausführung und der herrlichen Gestaltung verdient dieses Meisterwerk der

Gegenüber und auf dieser Seite: einige Ansichten des Baptisteriums S. Giovanni.

Ziselierkunst den ihm von
Michelangelo verliehenen Namen
« Paradiestür ». Kleine Figuren
biblischer Gestalten und *Bildnisse
von Künstlern* aus der Zeit des
Ghiberti schmücken die Einrahmung
der Tafeln.

BAPTISTERIUM: DIE PARADIESTÜR

Erschaffung Adams und Evas; Sündenfall; Vertreibung aus dem Paradies.	Die ersten Menschen bei der Arbeit; Das Opfer von Kain und Abel; Der Mord an Abel; Gott zieht Kain zur Rechenschaft.
Das Opfer Noahs und der Seinen nach Verlassen der Arche; Trunkenheit Noahs.	Erscheinung der Engel vor Abraham; Opferung Isaaks.
Geburt von Esau und Jakob; Verkauf des Erstgeburtsrechts; Isaak schickt Esau auf die Jagd; Esau auf der Jagd; Rebecca rät Jakob zur List; Täuschung Isaaks.	Josef wird an die Kaufleute verkauft; Entdeckung des goldenen Bechers in Benjamins Sack; Josef gibt sich seinen Brüdern zu erkennen.
Moses empfängt auf dem Berg Sinai die Gesetzestafeln.	Das Volk Israels im Jordanland; Die Einnahme von Jericho.
Schlacht gegen die Philister; Tötung Goliaths.	Salomon empfängt die Königin von Saba.

DIE PARADIESTÜR

*Die Paradiestür wird zur Zeit
restauriert; was wir heute sehen, ist
seine perfekte Kopie. Die hier
veröffentlichten Fotos zeigen das
Original in seinem alten Glanz,
bevor Witterungs— und
Umwelteinwirkungen es mit einer
schwarzen Patina überzogen. Die
heutige Tür erscheint wieder so
strahlend wie nach ihrer Vollendung
im Jahre 1425. In absehbarer Zeit
wird auch diese Tür mit einer
schawarzen Patina bedeckt sein,
während das restaurierte Original im
Museo dell'Opera del Duomo
(Dommuseum) sicher aufbewahrt ist.*

*Lorenzo Ghiberti
un sein Sohn
Vittorio.*   *Geschichten von Noah.*

Schöpfung Adams.

Ermordung Abels.

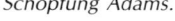

Eine Sibylle und eine biblische Figur.   *Jakob befiehlt Esau, auf die Jagd zu gehen.*   *Dei Goldene Becher.*

BAPTISTERIUM

INNENRAUM

Das Innere des Baptisteriums ist besonders wegen der Zweiteilung seiner Wände auffallend: Der untere Teil wird durch Säulen gegliedert und der obere durch Pfeiler zwischen Biphoren. Die Wände sind mit geometrischen Marmoreinlagen versehen, die denen des Fußbodens nachempfunden sind. Von den hier ausgestellten Werken möchten wir das *Grabmahl des Gegenpapsts Johannes 23.* erwähnen, von Michelozzo und Donatello (letzterer schuf die liegende Statue), sowie zwei *römische Sarkophage* und das *Grab des Bischofs Ranieri.* Im **Gewölbe der Apsis**, oder ''scarsella'', sehen wir bedeutende *Mosaike* aus dem 13. Jh., die also aus derselben Zeit stammen wie die der großen Kuppel, die neben *Christus auf dem Thron* von Coppo di Giuseppe in sechs Bereiche unterteilt ist; von unten nach oben: *Szenen aus dem Leben des Täufers, dem Leben Christi, Josephs, die Genesis, die Himmelshierarchie mit Christus und den Seraphinen* und ganz oben einige schmückende Verzierungen.

Gegenüber: die Südtür des Baptisteriums von Andrea Pisano mit den Szenen aus dem Leben des Täufers; oben: der Innenraum des Baptisteriums und rechts: das Grabmal des Gegenpapstes Johannes XXIII., das von Michelozzo und Donatello entworfen wurde.

Auf den beiden folgenden Seiten: links ein Teil der inneren Kuppel des Baptisteriums mit dem mit Mosaiken geschmückten Bogen der Apsis; rechts das Achteck der Kuppel, das vollkommen mit musivischen Ornamenten geschmückt ist.

Oben links: die Madonna mit Kind von Arnolfo di Cambio, zwischen S. Reparata, von demselben Künstler, und S. Zanobi von seinen Schülern, in Dom-Museum. Rechts: die Statue von Bonifaz VIII. von Arnolfo di Cambio.

Auf der Seite gegenüber, oben: der Chor von Donatello; unten die Magdalene von Donatello zwischen zwei Propheten, die ihren Platz ursprünglich auf dem Campanile Giottos hatten; der linke, Habakuk, wird im Volksmund « Lo Zuccone » genannt.

DAS DOMMUSEUM

Über dem Eingang befindet sich die *Büste von Cosimo I.* von Bandini. Im Innern sehen wir romanische Skulpturen, Statuen und Überreste der alten Fassade des Doms und des Baptisteriums. Im Erdgeschoß werden die Statuen des *segnenden Bonifaz VIII., der Madonna mit Kind, die der Mariä Geburt* und die des *Heiligen Lukas* von Nanni di Banco ausgestellt. Es grenzt ein Saal mit *Büchern,* mit *Miniaturen versehenen Choralbüchern* und *Reliquienbehältnissen* an. Im ersten Geschoß befinden sich die *Sängertribüne* von Luca della Robbia (1431-1438) mit zehn Reliefs, in denen der Künstler sich durch den frohen *Psalm des König David* inspirieren ließ und die *Sängertribüne* von Donatello (1433-1439), der sich seinerseits in der strengen architektonischen Gliederung nach Vorbildern der klassischen Antike richtete. Diese beiden Meisterwerke in Marmor wurden 1686 gemäß einem Wunsche des Ferdinando dei Medici aus dem Dom hierhergebracht. Derselbe Saal enthält auch die Statuen, die einst den Glockenturm schmückten. Es sind die der Propheten *Habakuk,* genannt « lo Zuccone » und *Jeremias,* Werke von Donatello, und die Statuen von *Abraham und Isaak* von Nanni di Bartolo. Im linken Saal befinden sich die *Original-Reliefs* des Campanile von Giotto, sie sind ihrer früheren Anordnung nach in zwei Reihen am Bauwerk angeordnet. Von der unteren Reihe, ein Werk des Andrea Pisano, ziehen besonders die berühmten

Reliefs mit der *Erschaffung Adams, der Erschaffung Evas* und der *Feldarbeit* die Aufmerksamkeit auf sich; die Reliefs der oberen Reihe stammen aus der Schule des Pisano und Alberto Arnoldi und stellen die *Sakramente* dar. Im rechten Saal sieht man das schöne *Antependium von Johannes dem Täufer,* das zusammen von Michelozzo, Verrocchio, Antonio del Pollaiolo und Bernardo Cennini gestaltet wurde. An seinen beiden Seiten befinden sich die Statuen der *Mariä Verkündigung* und des *Erzengels Michael,* sie werden Jacopo della Quercia zugeschrieben. Hinten im Saal befindet sich der *Altar des Baptisteriums* aus Silber mit Vergoldungen und Emailware, ein herrliches Beispiel gotischer Goldschmiedekunst, das aber erst in der Renaissance fertiggestellt wurde. Von den anderen Gemälden und Skulpturen des Museums möchten wir außer auf die berühmte *Kreuzniederlegung* von Michelangelo auf das bedeutende Diptychon mit *Szenen aus dem Leben von Christus und der Madonna* aus der byzantinischen Schule Ende des 13. Jahrhunderts hinweisen und vor allem auch, wenn man die Treppen des Museums hinabsteigt, auf die *Magdalena* von Donatello, eine beeindruckende Holzstatue des großen Meisters. Die fieberhaft anmutende Ausführung in diesem Material läßt Realismus und bewegende Anteilnahme verschmelzen. Das Werk ist in die letzte florentinische Zeit Donatellos einzuordnen (seine Entstehung wird zwischen 1435 und 1455 angesetzt).

DOMMUSEUM

PIETÀ VON MICHELANGELO

Bei der Figur in der Mitte dieses Kunstwerks im Dom nimmt man an, daß es sich um ein Selbstbildnis des Künstlers handelt. Michelangelo schuf dieses Werk zwischen 1550 und 1553 für seine eigene Kapelle in der Kirche S. Maria Maggiore in Rom. Es blieb bis 1722, als es im Dom aufgestellt wurde, in den unterirdischen Geschossen von S. Lorenzo. Die Pietà gehört zu den dramatischsten Skulpturen Michelangelos, vielleicht auch der malerischen Verwendung des Entwurfs wegen (das berühmte « nicht Vollendete » Michelangelos). Dem Schüler Tiberio Calcagni ist die Restaurierung des linken Arms des Christus und der Magdalenenfigur zu verdanken.

Links: das Holzmodell eines Entwurfs für die Fassade des Doms; unten links: einige sechseckige und rautenförmige Tafeln, die vom Glockenturm des Giotto stammen; gegenüber: die Pietà von Michelangelo.

Oben: eine Gesamtansicht der Piazza della Signoria; gegenüber: der Brunnen Fontana di Piazza oder Neptunsbrunnen.

DIE PIAZZA DELLA SIGNORIA

Sie gehört zu den schönsten Plätzen Italiens und erstreckt sich eindrucksvoll über eine weite rechteckige Fläche. Die Entstehung und Erweiterung des Platzes zwischen dem 13. und 14. Jh. geht auf den Abriß der Wohnhäuser der Familien Uberti, Foraboschi und der mehrerer Familien des ghibellinischen Florenz zurück. Der Platz wird von dem massiven Komplex des **Palazzo Vecchio** beherrscht, der sich auch an der Nord-Seite des Platzes fortsetzt. Rechts des Palasts befindet sich die wunderschöne **Loggia dei Lanzi**, ein spätgotischer Bau von Benci di Cione und Simone Talenti (1376-82). Sie ist berühmt wegen einer Reihe von Skulpturen, darunter der berühmte **Perseus** von

Cellini und **Herkules und der Zentaur** von Giambologna. Links des Palasts erhebt sich der Brunnen **Fontana di Piazza** oder des **Neptun**, der zwischen 1563 und 1575 von Bartolomeo Ammannati und seinen Schülern geschaffen wurde. Wegen der enormen Größe der weißen Statue des Gottes der Meere, die inmitten eines großen Beckens auf einem Wagen steht, der von Seepferden gezogen wird, nennen die Florentiner diesen Brunnen « Biancone ». Sehenswert sind auch die hübschen Bronze-Figuren am Rand des Brunnens. Daneben befindet sich das **Reiterstandbild Cosimos I**. von Giambologna. Der Platz wird von einer Reihe alter, schlichter Paläste umgeben.

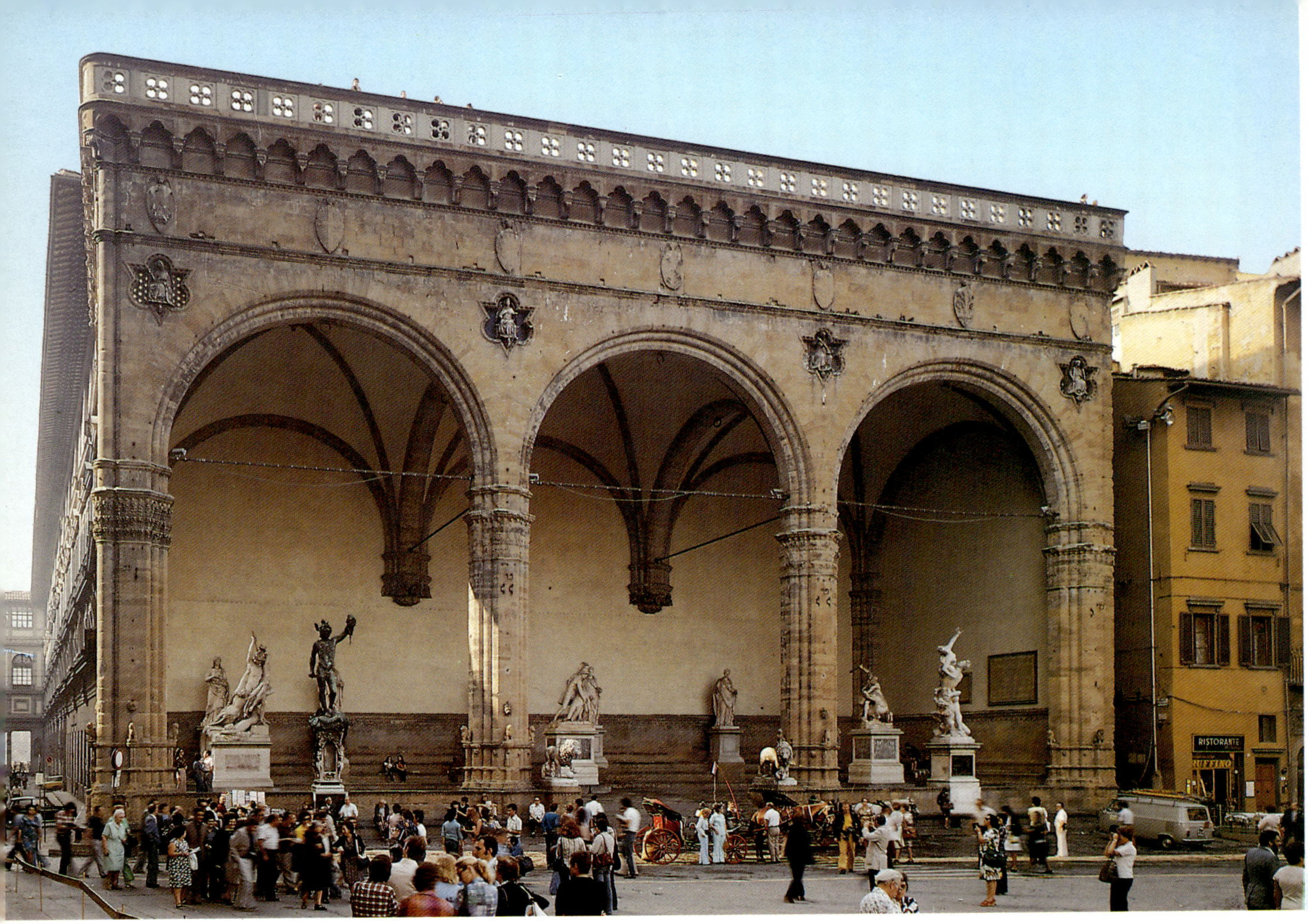
RISTORANTE

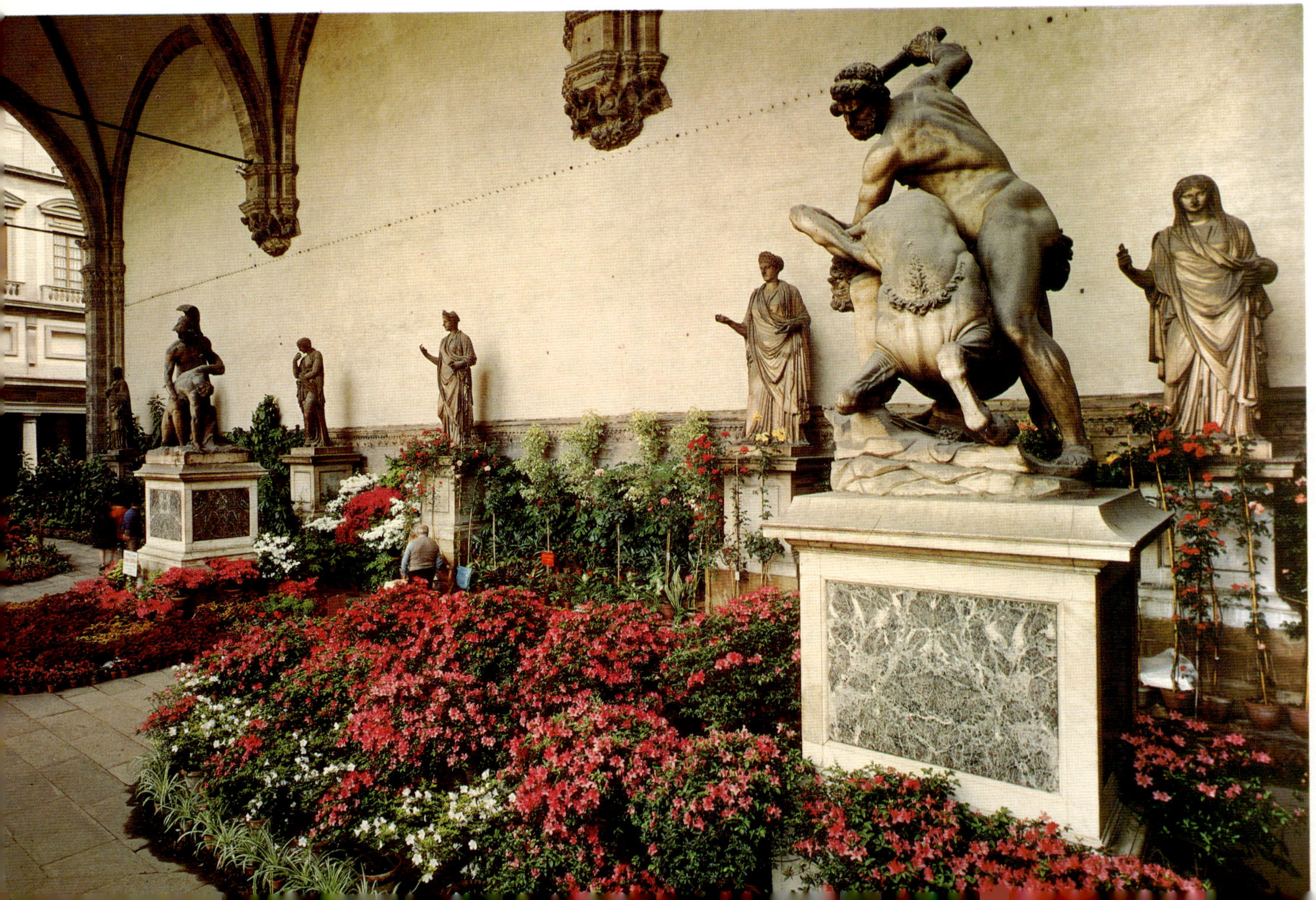

DIE LOGGIA DEI LANZI

Die Loggia della Signoria, die Loggia des Orcagna genannt wird (der Entwurf soll von diesem Künstler stammen) oder Loggia dei Lanzi (in Erinnerung an die Schweizer Garde Cosimos I.), wurde von Benci di Cione und Simone Talenti (1376-1391) für die öffentlichen Versammlungen der Signoria erbaut. Sie besteht aus großen Rundbögen auf Säulen verschiedenen Stils. Die leichte Eleganz des Bauwerks ist typisch spätgotisch. Die schönen Reliefs über den Pfeilern stellen die allegorischen Figuren der *Tugenden* dar, die zwischen 1384 und 1389 nach einem Entwurf von Agnolo Gaddi geschaffen wurden. An der Treppe sitzen links und rechts zwei Löwen: einer aus der klassischen Kunst, der andere von Flaminio Vacca (1600). In der Loggia stehen bedeutende Skulpturen: Links der *Perseus* von Cellini (1553), rechts der *Raub der Sabinerinnen* von Giambologna (1583, heute in der Galleria dell'Accademia), in der Mitte *Herkules und der Zentaur*, ebenfalls von Giambologna (1599), *Ajax, der den Leichnam des Patroklos trägt*, eine Skulpturengruppe der hellenistischen Schule und der *Raub der Polyxene* von Pio Fedi (1866). An der hinteren Wand stehen sechs antike *Frauenfiguren* aus römischer Zeit. An der rechten Wand sieht man eine lateinische Inschrift von 1750, die an die Einführung des neuen Kalenders erinnert.

PERSEUS

Dieses herrliche Meisterwerk in Bronze von Benvenuto Cellini (1500-1571) wurde vom Künstler auf dem umhängenden Riemen des Helden signiert (1545-1554). Der Befreier von Andromeda wird dargestellt, kurz nachdem er das Haupt der Medusa abschlug. Sein Gesicht und sein ganzer Körper drücken das klassische Ideal der gebändigten Kraft aus; das Drama hat sich bereits abgespielt und die Bedeutsamkeit der Geste (der Fuß des Helden, der auf den Körper des Ungeheuers gesetzt ist) spricht von der Ausführung der Tat. Der Überlieferung nach müßte man in der verzweigten Ornamentik des geflügelten Helms von Perseus ein Selbstbildnis des Künstlers erkennen.

Auf der Seite gegenüber: eine Außen- und eine Innenansicht der Loggia dei Lanzi; rechts: der Bronze-Perseus von Cellini.

COSIMO I. DE' MEDICI

Großherzog der Toskana
Das Reiterstandbild auf dem Platz stellt Cosimo I. de' Medici dar und wurde 1594 von Giambologna geschaffen. Die große Ausgeglichenheit dieses Werks rührt von der getreuen Darstellung des stolzen Herrschers von Florenz und von der kraftvollen Ausstrahlung des Pferds her. Die Reliefs am Sockel zeigen Szenen aus dem Leben des ersten Großherzogs der Toskana: der *Einzug Cosimos I. in Siena; Pius V., der Cosimo die großherzoglichen Insignien verleiht und der Senat der Toskana, der Cosimo mit dem Titel des Großherzogs auszeichnet.*
Das Standbild befindet sich ganz in der Nähe des Palazzo Vecchio, den Cosimo I. 1537, gerade achtzehn Jahre alt, bezog, nachdem Alexander von Lorenzino de' Medici getötet worden war. Vor ihm hatten die Medici über viele Jahre die Geschicke der Stadt gelenkt, nachdem sie in den Auseinandersetzungen zwischen den Künstlergilden und dem Volk für letzteres Partei ergriffen.

DER PALAZZO VECCHIO

Sein Bau wurde 1294 begonnen; er war als Palast-Festung für die Residenz der Prioren bestimmt und von Arnolfo di Cambio als ein rechteckiger Block mit Zinnenkranz und 94 m hohem Turm (1310) entworfen worden. Die Mauerverkleidung besteht aus grob behauenem Bossenwerk aus Pietra Forte; sie gibt dem großen Bauwerk, das in drei Geschosse aufgeteilt ist und mit Zwillingsfenstern zwischen Rundbögen geschmückt ist, ein strenges, beeindruckendes Aussehen. Der Kern des Bauwerkes von Arnolfo erfuhr zwischen 1343 und 1592 verschiedene Umbauten und Erweiterungen sowohl außen als auch innen (Cronaca, Vasari, Buontalenti waren hier tätig). Unter den kleinen Bögen des Söllers fallen die Fresken mit den neun Stadtwappen der Stadt auf. Die Uhr besitzt einen Mechanismus von 1667. An den beiden Seiten der Tür erheben sich zwei kettenhaltende *Statuen* aus Marmor, darüber eine Inschrift von Cosimo I. In der Nähe der linken vorderen Ecke des Palastes steht der *Neptuns-Brunnen,* ein großartiges Werk von Ammannati.

Links: das Reiterdenkmal von Cosimo I. dei Medici; gegenüber: der gewaltige Palazzo Vecchio.

Gegenüber, oben: der Eingang zum Palazzo Vecchio mit der Statuengruppe mit Herkules und Cacus; unten, links: der Hof des Michelozzo mit der Putte des Verrocchio und rechts: die Kopie des David von Michelangelo. Oben: der asymmetrische Saal der Fünfhundert, der mit Gemälden und Skulpturen reich verziert ist.

DER PALAZZO VECCHIO

FASSADE

Vor dem Palazzo Vecchio stehen mehrere Statuen, darunter eine Kopie des *Davids* von Michelangelo, die hier 1873 an Stelle des Originals aufgestellt wurde und die Statuen von *Herkules und Kakus* von Bandinelli. An der Fassade, oberhalb des Portals, befindet sich ein Medaillon mit dem Monogramm Christi, mit zwei Löwen auf blauem Grund an den Seiten; das Ganze ist mit einem gerahmten Giebelfeld versehen. Die Inschrift « *Rex regnum et Dominus dominatium* » wurde 1551 auf Betreiben Cosimos I. an Stelle eines früheren Epigraphs angebracht, das hier dreißig Jahre lang seinen Platz hatte.

DER PALAZZO VECCHIO

INNEN

Wir überqueren den **Hof des Michelozzo** mit seinen goldverstuckten Säulen und dem *Brunnen mit putto* von Verrocchio in der Mitte und steigen über die breite Treppe von Vasari in den großartigen **Saal der Füfhundert** hinauf, in das **Studierzimmer von Francesco I.**, ein Entwurf des Vasari, das reich ist an *Gemälden* des Bronzino, Santi di Tito, Stradano und an Statuen aus Bronze von

Giambologna und Ammanati. Vom Saal der Fünfhundert aus gelangt man in die **Quartieri Monumentali**; sie bestehen aus zahlreichen Sälen, die reich sind an Gemälden und Fresken; unter ihnen befinden sich auch der Saal **Leos X.** (heute steht dieser Saal dem Bürgermeister und den Stadträten zur Verfügung); der **Saal von Clemens VII.** mit dem berühmten Fresko von Vasari mit der *Belagerung von Florenz*, das uns eine minuziöse Ansicht der Stadt im 16. Jahrhundert zeigt; der **Saal von Giovanni dalle Bande Nere**; die **Säle von Cosimo dem Alten, Lorenzo il Magnifico** und **Cosimo I.**

DER SAAL DER FÜNFHUNDERT

Der Saal der Fünfhundert, der für die großen Ratsversammlungen des Volkes nach der Vertreibung der Medici eingerichtet wurde, ist ein Werk des Cronaca; seine Dekorationen dagegen verdankt der Saal Vasari. Die allegorischen Gemälde der Decke und der Wände stellen die triumphale *Rückkehr des Großherzogs Cosimo I. nach Florenz* dar, sie zeigen die Besitztümer des Herzogtums der Medici und die *Geschichten der Eroberung Pisas und Sienas*. Zwischen den Marmorgruppen an der rechten Wand zieht der *Sieg des Genius* von Michelangelo die Aufmerksamkeit auf sich.

Auf der Seite gegenüber, oben links: die Putte, die die Rohe Kraft des Michelangelo besiegt; rechts: Herkules und Diomedes von Vincenzo de' Rossi; unten: das Fresko mit der Belagerung von Florenz von Vasari im Saal Clemens VII.

Oben links: die Kassettendecke des Saals der Fünfhundert; rechts: das Studiolo di Francesco I.; unten: das Gemälde mit Giovanni dei Medici, der der Stadt Ravenna beisteht, ein Werk des Vasari im Saal Leos X.

Oben rechts: das Original der Putte mit dem Fisch von Verrocchio. Links: das grüne Zimmer der Gemächer der Eleonora von Toledo; unten rechts: die Judith von Donatello; links: die Kapelle der Prioren.

SALA DEI GIGLI

Unter den monumentalen Räumen ist außer dem
Quartiere di Eleonora di Toledo von Vasari und der **Sala
dell'Udienza** besonders die **Sala dei Gigli** (Liliensaal)
sehenswert, die ihren Namen durch die goldenen
Liliendekorationen auf blauem Feld erhielt (die *Decke*
stammt von Giuliano da Maiano und Francione). Äußerst
kostbar ist das *Marmorportal,* das in die Sala dell'Udienza
führt. An der rechten Wand befindet sich ein großes
Fresko von Domenico Ghirlandaio.

JUDITH: EIN RESTAURIERTES KUNSTWERK

Das größte Meisterwerk Donatellos, die Judith,
jahrhundertelang Zierde der Piazza della Signoria, wurde
vom Opificio delle Pietre Dure hervorragend restauriert.
Die Bronzeskulptur wurde 1980 von ihrem ursprünglichen
Standort entfernt und war bis 1986 im Audienzsaal des
Palazzo Vecchio untergebracht. Nach vollendeter
Restaurierung kann die Plastik, deren meisterliche Formen
wieder in altem Glanz erstrahlen, heute wieder öffentlich
bewundert werden. Sie steht, gut geschützt, im großen
Liliensaal des Palastes.

Oben: die Sala dei Gigli und rechts: Judith von Donatello.

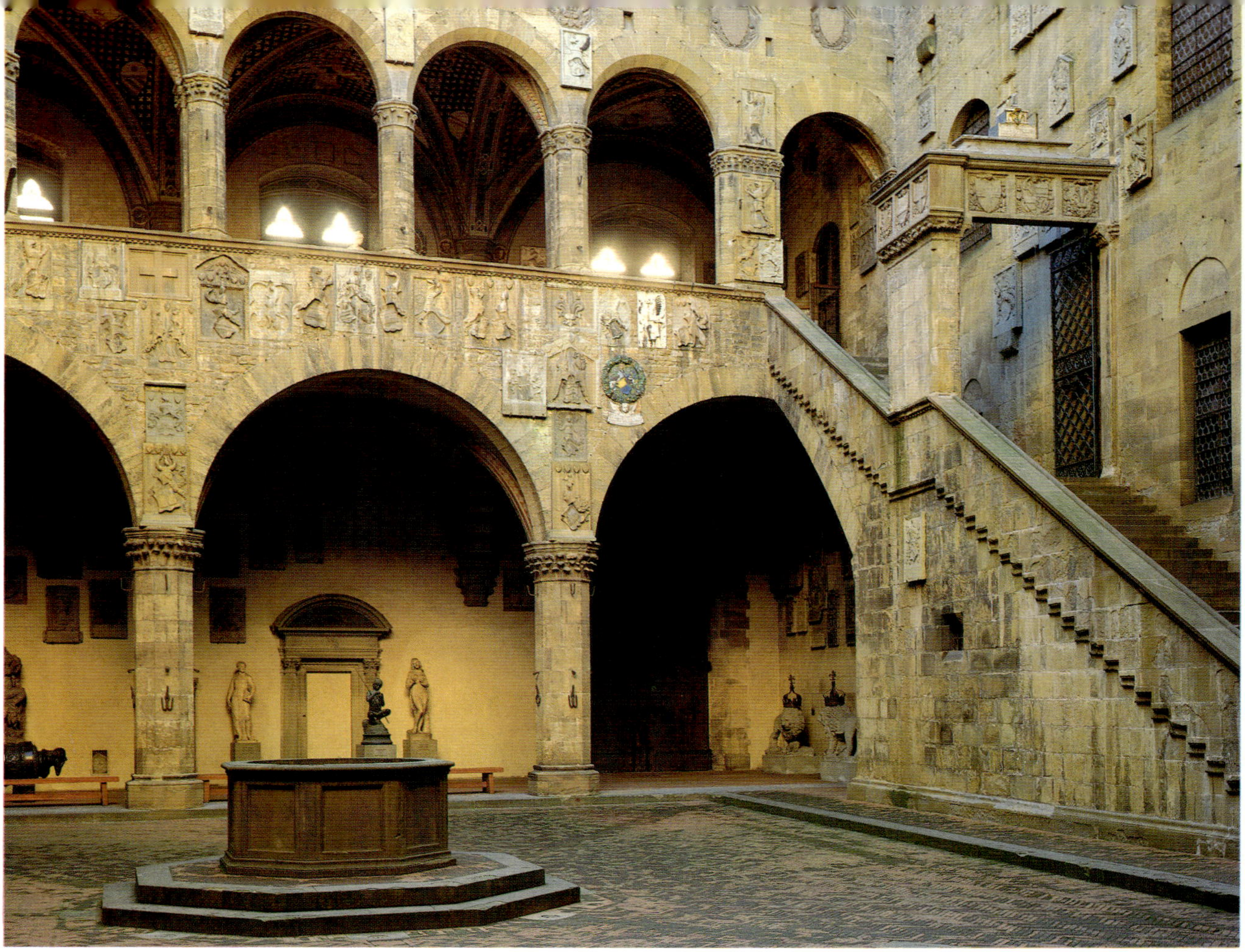

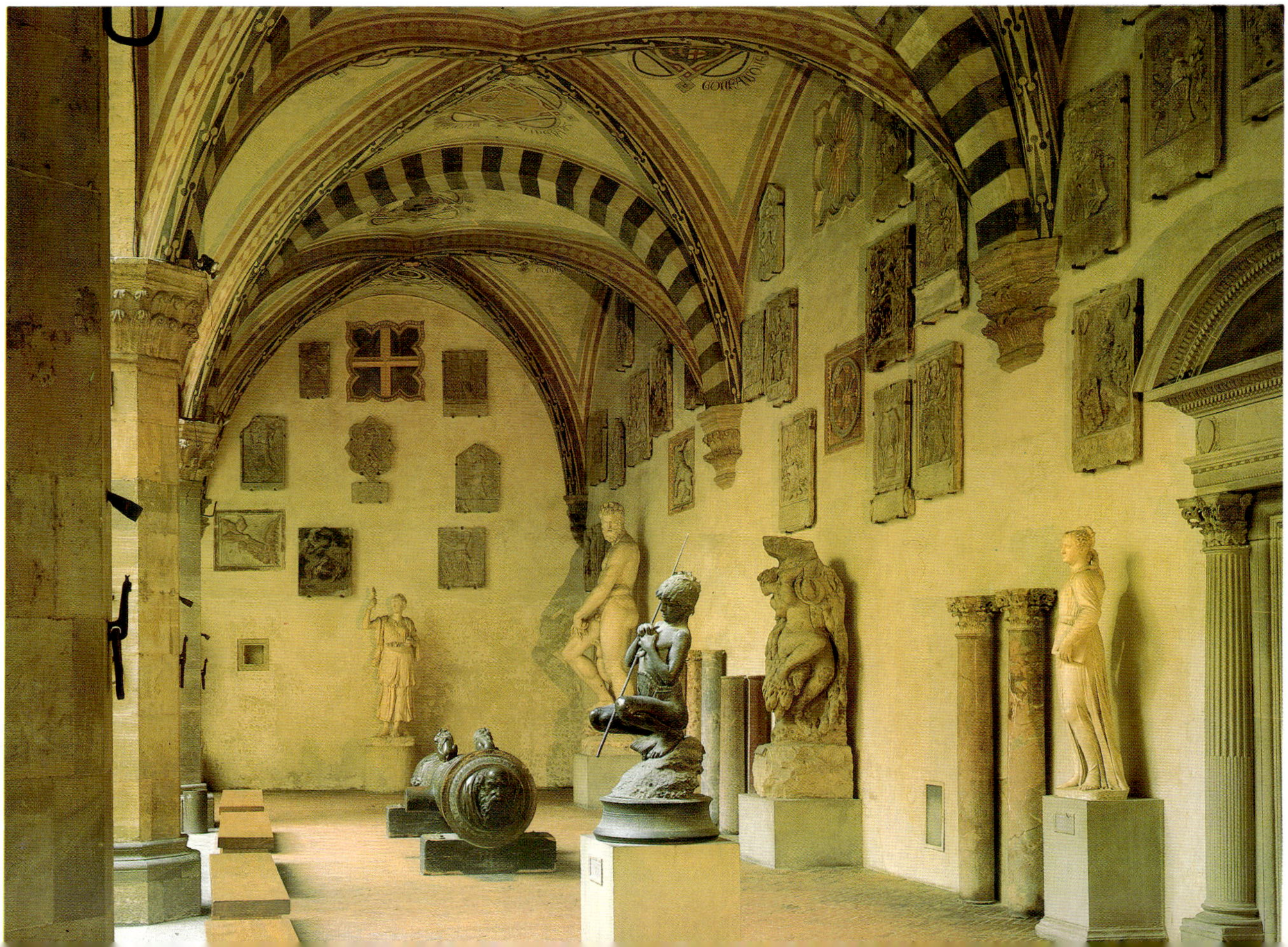

Oben: der Bargello-Palast. Gegenüber: zwei Bilder des Hofes mit der Loggia des Bargello-Palastes.

DER BARGELLO-PALAST

Der Palazzo del Bargello hat die Eigenschaften einer kleinen Festung und besitzt einen mächtigen Turm (die **Volognana**), der die strenge Fassade überragt und beherrscht. Der Palast wurde 1255 als Sitz des Capitano del Popolo errichtet; es wohnten dann der Bürgermeister und der Gerichtsrat hier. Von 1574 wohnte hier der Bargello (der Polizeihauptmann). Der Palast wird außen durch Gesimse gegliedert und besitzt unten Fenster mit Architrav, während er oben Zwillingsfenster oder einfache Fenster aufweist; ganz oben sieht man einen Zinnenkranz auf kleinen Bögen und Konsolen. Innen gibt es einen **Hof** mit Portikus auf drei Seiten, mit Pfeilern und Arkaden. Von hier aus führt eine malerische **Freitreppe**, ein Werk des 14. Jahrhunderts von Neri di Fioravante, zur oberen **Loggia**, die von Tone di Giovanni (1319) stammt. Die Wände des Hofes sind mit Dutzenden von *Wappen* der Bürgermeister und der Richter versehen. Seit 1859 ist der Palast Sitz des **Museo Nazionale** mit Renaissanceskulpturen und kleineren Kunstwerken aus verschiedenen Epochen.

DAS NATIONALMUSEUM BARGELLO

Der riesige **Eingangssaal** mit Pfeilern und starken Gewölben zeigt Ausschmückungen mit Wappen an den Wänden mit den Waffen der Stadtvogte (13.-14. Jh.) und einigen Zeugnissen der antiken Waffensammlung der Medici.
Von hier gelangt man in den **Hof**, der sich wie ein Bühnenbild öffnet und sich als unregelmäßig und ursprünglich erweist. Dort befinden sich die Wappen vieler Podestà und, unter dem Laubengang, die malerischen Wappen der Stadtviertel und Stadtsechstel, in die die Stadt einst eingeteilt war. An den Wänden stehen einige *Statuen* aus dem 16. Jahrhundert von Bandinelli, Ammannati, Giambologna und Danti.
Vom Hof aus erreicht man einen **Saal**, in dem interessante Skulpturen aus dem 14. Jahrhundert aufbewahrt werden, darunter die *Madonna mit Kind und dem Engel* von Tino di Camaino, eine vertiefte *Madonna mit Kind* venezianischer Kunst, ein *Sockel eines Weihwasserbeckens* von Nicola Pisano und eine *Madonna umgeben von den Heiligen Petrus, Paulus und Johannes*. In dem Saal neben der unüberdachten Treppe befinden sich bedeutende Werke Michelangelos: der *Bacchus* (1496), ein Jugendwerk, so weich und gleichzeitig kräftig in den Formen, das *Tondo Pitti,* mit der Muttergottes, die dem

Oben: der Saal im unteren Geschoß des Bargello-Palastes mit der Sammlung von Skulpturen aus der Renaissance; links: die Büste Cosimos I. von Cellini. Gegenüber, oben: Leda mit dem Schwan von Ammannati; unten links: eine Marmorbüste Cosimos I. von Baccio Bandinelli und rechts: der Brutus von Michelangelo.

Kind und dem Johannesknaben das Lesen beibringt (1504), der *David* oder Apollo (1530) und der *Brutus* (1540). Um diese herum bemerkt man dann Werke von Ammannati, Giambologna (unter anderem der *Merkur* von 1544) Tribolo, Danti, Francavilla und Sansovino, der seinen *Bacchus* im Wettstreit mit Michelangelo ausführte. In demselben Raum wird die *Büste Cosimos I.* aufbewahrt, ein Werk aus Bronze von Cellini, das für den Hafen von Portoferraio auf Elba bestimmt war und von dort im Jahre 1781 zurückkehrte.

Über die unüberdachte Treppe gelangt man in die Loggia, die mit zahlreichen Werken von Künstlern des 16. Jahrhunderts ausgeschmückt ist. Der erste Raum rechts, einst der Saal des Generalrats, ist heute der **Saal Donatellos**, von dem hier zahlreiche Werke aufbewahrt werden, und zwar der *Hl. Georg* (1416), von geballter Energie und für eine Nische Orsanmicheles bestimmt; der *Johannesknabe*, zart und geheimnisvoll, der *David* aus Marmor (1408) und der *David* aus Bronze, ersterer ein zarter Akt aus der Renaissance, ausgeführt um das Jahr 1430. Auch von Donatello stammen der *Marzocco*, nunmehr das Symbol der Stadt, und der *Amor-Attis* aus Bronze, von großer Lebendigkeit und klassischem Einfluß. In dem Saal befinden sich auch, abgesehen von Werken von Luca della Robbia, Ghiberti, Vecchietta und Agostino di Duccio, die Reliefs, die Ghiberti und Brunelleschi im Jahre 1402 im Wettbewerb zueinander schufen (es waren sechs Teilnehmer), um den Auftrag für die zweite Tür des Florentiner Baptisteriums zu erhalten. Dem Werk Ghibertis

Oben: links: das Tondo Pitti von Michelangelo; rechts: die Büste Michelangelos, ein Werk des Daniele da Volterra. Unten links: der David-Apollo von Michelangelo. Gegenüber, oben links: der Bacchus von Sansovino, der im Wettbewerb mit dem Bacchus des Michelangelo (rechts) geschaffen wurde. Unten links: der Entwurf des Perseus von Cellini und rechts: der Merkur von Giambologna.

gelingt es vollkommen, uns die Geschichte der *Opferung Isaaks* darzustellen, während das obgleich bewegte Relief Brunelleschis einen gewissen Sinn von Zusammenfügung verschiedener Teile beibehält.

Von diesem Saal aus kann man die *Sammlungen der Handwerkskunst* erreichen, die zum großen Teil aus der Schenkung der Sammlung Carrand stammen. Der große **Saal des Podestà** hingegen bewahrt *Goldschmiede— und Emailarbeiten* vom Mittelalter bis zum 16. Jahrhundert und *Siegel* und verschiedene Gegenstände aus Metall auf. In der danebenliegenden **Cappella del Podestà**, wo die zum Tode Verurteilten ihre letzten Stunden verbrachten, kann man die Fresken Giottos mit dem *Paradies*, der *Hölle* und den *Szenen aus dem Leben Heiliger* bewundern.

Das Geschoß wird vervollständigt durch den Saal der Elfenbeinarbeiten, mit seltenen Schnitzereien aus der Antike, durch den der **Goldschmiedearbeiten**, mit zahlreichen Werken sakraler Kunst, und den **Saal der Majoliken**. Das zweite Geschoß des Bargello beherbergt Säle, die großen Künstlern gewidmet sind; der erste wird **Saal des Giovanni della Robbia** genannt und beinhaltet zahlreiche plastische Werke des Meisters, darunter die Predelle mit *Jesus und Heiligen*, den *Hl. Domenikus*, die *Pietà* und die *Verkündigung*. *Der folgende Saal des* **Andrea della Robbia** bewahrt die *Madonna degli Architetti* und andere Werke aus glasierter Terrakotta auf.

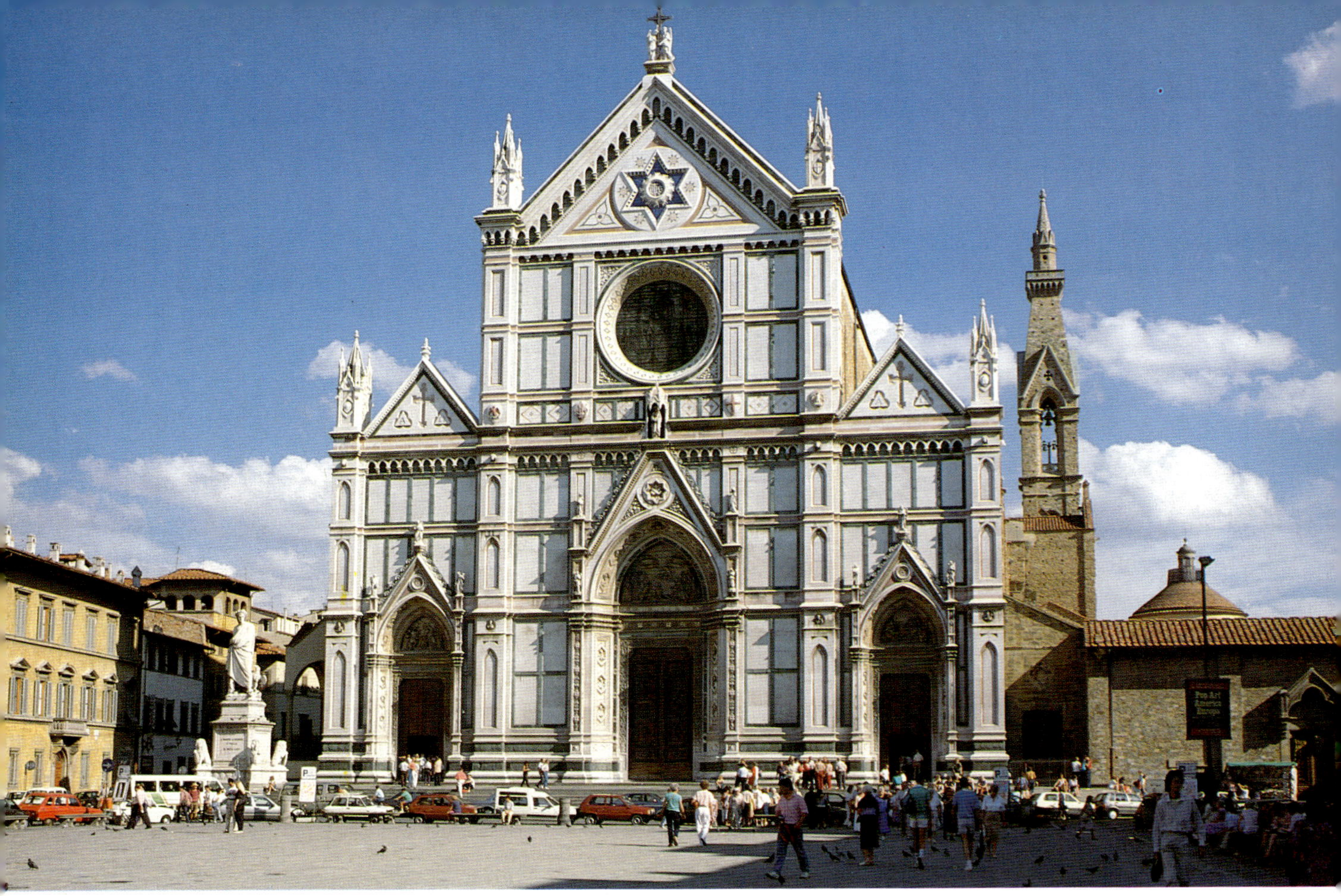

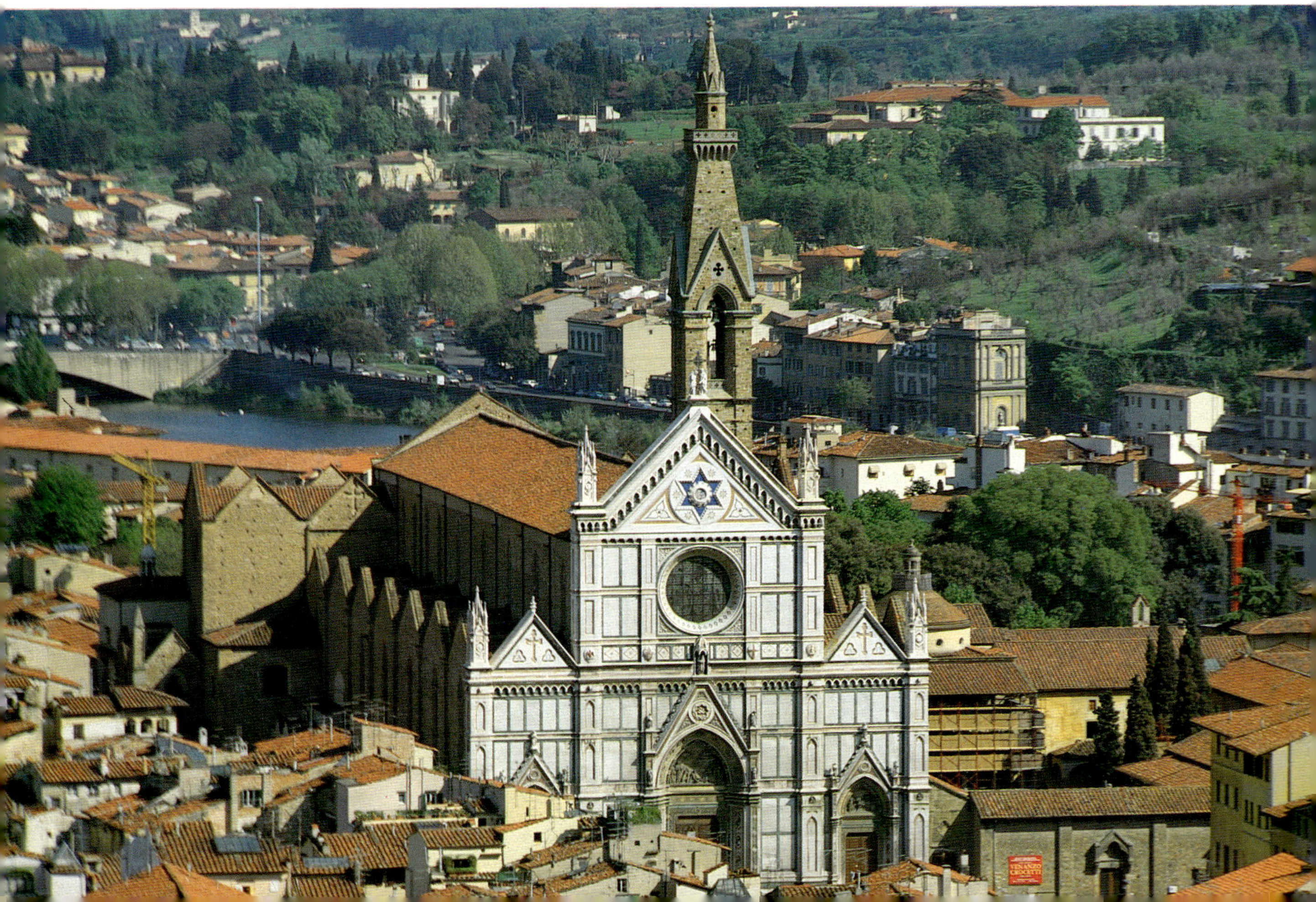

Gegenüber: zwei Ansichten der großartigen Basilika S. Croce; oben: der Innenraum der Basilika und rechts: die Kanzel des Benedetto da Maiano.

S. CROCE

Dieses Bauwerk ist einzigartig, nicht nur der Reinheit seines gotischen Stils wegen, sondern auch aufgrund der berühmten Kunstwerke, die es enthält und seiner Bedeutung für die Geschichte. Die Basilika von S. Croce, die zu den größten Kirchen der Stadt gehört, wird der Genialität des Arnolfo di Cambio zugeschrieben, der 1294 mit der Errichtung der Kirche begonnen haben soll. Die Arbeiten setzten sich bis in die zweite Hälfte des 14. Jahrhunderts fort; die Weihung geht auf das Jahr 1443 zurück. Die dreigieblige Fassade stammt aus dem 19. Jahrhundert (ein Entwurf von N. Matas), und auch der **Kampanile** in gotisch wirkendem Stil stammt aus dem vorigen Jahrhundert (1847, nach einem Entwurf von G. Baccani). Längs der linken Seite verläuft ein Portikus mit leichten Bögen, unter dem sich das *Grabmal von Francesco Pazzi* aus dem 14. Jahrhundert befindet. Auf der rechten Seite befinden sich dagegen die **Kreuzgänge** mit der **Cappella Pazzi** im Hintergrund und das **Museo dell'Opera di S. Croce**.
Der großartige Innenraum ist dreischiffig und wird von schlanken oktogonalen Pfeilern, die die großen spitzbogigen Arkaden mit doppeltem Rahmen tragen, unterteilt. Einige Umbauten des 16. Jahrhunderts ließen den Innenraum der Kirche an Schönheit einbüßen. Der Fußboden ist bis zum Ende des Kirchenschiffes mit alten

GALILAEVS GALILEIVS PATRIC. FLOR.
GEOMETRIAE ASTRONOMIAE PHILOSOPHIAE MAXIMVS RESTITVTOR
NVLLI AETATIS SVAE COMPARANDVS
HIC BENE QVIESCAT
VIX. A. LXXVIII. OBIIT. A. CIƆ IƆ C. XXXXI.
CVRANTIBVS AETERNVM POTIVS REGVM
IO. BAPT. DEPECIS SACRAE HVIVS AEDIS PRAEFECT.
MONIMENTVM A VINCENTIO VIVIANO MAGISTRI CINERI SVPNE SVPNE
TESTAMENTO E E.
HERES IO. BAPT. CLEMENS NELLIVS IO. BAPT. SENATORIS E.
IVVENTI ANIMO ABSOLVIT.
AN. CIƆ IƆ C. C. XXXVII.

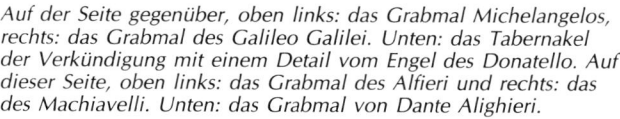

Auf der Seite gegenüber, oben links: das Grabmal Michelangelos, rechts: das Grabmal des Galileo Galilei. Unten: das Tabernakel der Verkündigung mit einem Detail vom Engel des Donatello. Auf dieser Seite, oben links: das Grabmal des Alfieri und rechts: das des Machiavelli. Unten: das Grabmal von Dante Alighieri.

Grabplatten bedeckt; die Kirche besitzt eine Decke mit Hängewerk bis dort, wo das mit zahlreichen Kapellen ausgestattete Querhaus beginnt: Hier befindet sich die **Cappella Maggiore** mit der *Legende von S. Croce* (1380) von Agnolo Gaddi. Am Altar sieht man das Polyptychon mit der *Madonna und Heiligen* von Gerini und darüber das *Kruzifix* aus der Schule des Giotto. Die innere Fassade weist ein schönes Fenster auf mit der *Kreuzabnahme* (Vorlage von Lorenzo Ghiberti). Unten rechts befindet sich das *Grabmonument des Gino Capponi* (1876), links das von *G. B. Niccolini* (1883). Im Hauptschiff steht eine wunderschöne marmorne *Kanzel* von Benedetto da Maiano (1472-76). Im rechten Kirchenschiff sieht man am ersten Altar eine *Kreuzigung* von Santi di Tito (1579); am ersten Pfeiler befindet sich die berühmte *Madonna der Milch,* ein Basrelief von Antonio Rossellino (1478). Die *Fenster* stammen vom Ende des 14. Jahrhunderts. Längs der Wand des rechten Kirchenschiffes befinden sich die berühmtesten Grabmonumente. Unter ihnen befinden sich das des *Michelangelo* von Vasari (1579), das des *Alfieri* von Canova (1803) und das des *Machiavelli* von I. Spinazzi (1787). Hinter dem vierten Altar befinden sich Überreste von *Fresken* des Orcagna; dahinter sieht man das schöne Fresko von Domenico Veneziano (1450) mit *Johannes dem Täufer und dem Heiligen Franz.* Es folgt das

*Auf der Seite gegenüber: die Hauptkapelle von S. Croce; rech
die Bardi-Kappelle mit dem Tafelbild mit dem Heiligen Franz
einem unbekannten Künstler des 13. Jhs.; unten: das Fresko v
Giotto mit dem Begräbnis des Heiligen Franz.*

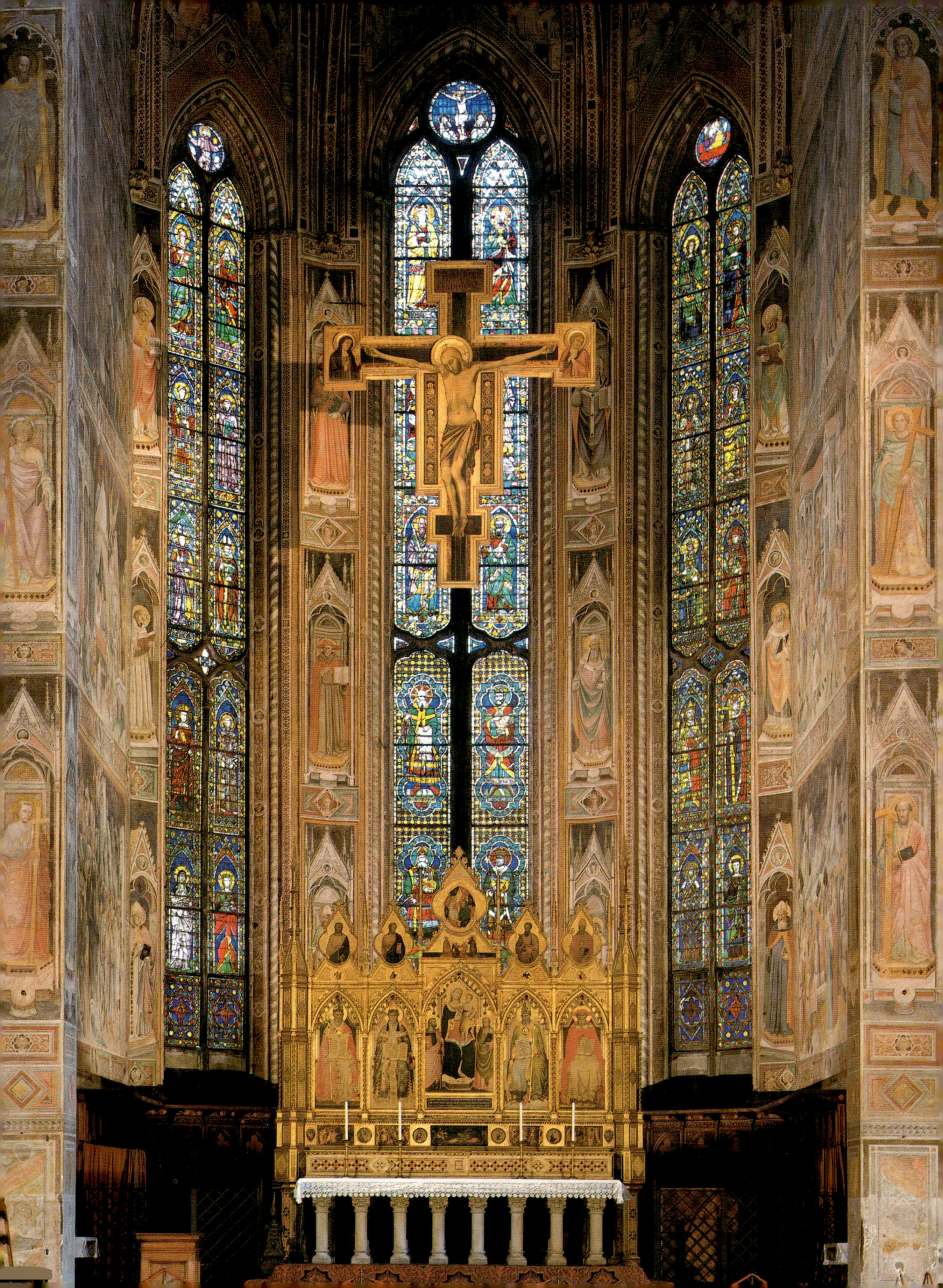

Tabernakel aus Pietra Serena von Donatello und Michelozzo und die *Verkündigung* (1435), ebenfalls von Donatello. Sehenswert sind hier auch das *Grabmal des Leonardo Bruni* von Bernardo Rossellino; das *Grabmonument von Rossini* und das von *Foscolo.* Im rechten Teil des Querschiffes findet man die **Cappella Castellani**, die von Agnolo Gaddi (1385) mit herrlichen Fresken mit *Szenen aus dem Leben von Heiligen* ausgemalt wurde. Auf dem Altar befindet sich das *Kruzifix* des Gerini. Am Ende des Querhauses befindet sich die **Cappella Baroncelli** mit dem herrlichen gotischen *Grabmal* der gleichnamigen Familie und einer Lünette mit der *Madonna* von Taddeo Gaddi. An den Wänden befinden sich Fresken mit *Szenen aus dem Leben der Maria,* ebenfalls von Taddi und die *Madonna della Cintola* von Bastiano Mainardi (1490); auf dem Altar sieht man die *Krönung der Jungfrau Maria* von Giotto. Durch das *Portal* von Michelozzo gelangt man in die **Sakristei**, in der die **Cappella Rinuccini** besichtigt werden kann, die mit Fresken mit *Szenen aus dem Leben der Magdalena und der Jungfrau Maria* von Giovanni da Milano ausgemalt wurde. Schön ist auch das *Altarbild* von Giovanni del Biondo (1379). Hinten gelangt man in die Cappella Medici von Michelozzo, die im Auftrag von Cosimo dem Älteren entstand; hier kann man ein herrliches Basrelief von Donatello bewundern und einige Werke der Della Robbia. Im mittleren Teil des Querhauses befinden sich verschiedene Kapellen (14. Jahrhundert), die bedeutende Kunstwerke enthalten. Unter ihnen befindet sich die **Cappella Velluti** mit den *Szenen aus dem Leben des Erzengels Michael,* die vielleicht von Cimabue stammen; die **Cappella Peruzzi** und die **Cappella Bardi** mit Fresken von Giotto mit den *Szenen aus dem Leben des Evangelisten Johannes* (1320) und dem *Heiligen Franz* (1318); die **Cappella Tosinghi** mit der *Mariä Himmelfahrt,* ebenfalls von Giotto; die **Cappella Pulci** mit Fresken von Bernardo Daddi. Im linken Kirchenschiff ist das *Grabmal des Marsuppini* von Desiderio da Settignano sehenswert.

Auf der Seite gegenüber: die Baroncelli-Kapelle; auf dieser Seite, oben rechts: das Tafelbild von Giotto mit der Krönung der Jungfrau, die sich in derselben Kapelle befindet; unten: die Castellani-Kapelle mit dem Kruzifix von Niccolò di Pietro Gerini.

*Oben: die Sakristei mit der Rinuccini-Kapelle; unten:
die Pazzi-Kapelle.*

DIE KAPELLE DER PAZZI UND DAS KLOSTERMUSEUM VON S. CROCE

Am Ende des **Ersten Kreuzganges** der Basilika befindet sich die **Cappella de' Pazzi**, ein kühnes Bauwerk des Brunelleschi, der 1443 mit der Errichtung der Kapelle begann. Die Dekorationen stammen von Desiderio da Settignano, Luca della Robbia, Giuliano da Maiano. Der Kapelle ist ein Pronaos auf korinthischen Säulen vorgebaut. Die kleine zylindrische Kuppel mit konischem Dach und runder Laterne wurde 1461 fertiggestellt. Der Innenraum ist ein Inbegriff der Renaissance-Harmonie mit seinen weißen Wänden, die von grauen Steinlisenen gegliedert werden. Auf der rechten Seite des **Kreuzganges** befindet sich in den Räumen des **Refektoriums** das **Museo dell'Opera di S. Croce**.

Oben: das Refektorium von S. Croce; unten links: das Kruzifix des Cimabue und rechts: ein Tabernakel der Della Robbia im Museum von S. Croce.

·SANT E PATER· BARTOL OMEE· ORA· PR ONOBIS·

DIE UFFIZIEN

Die Uffizien, Italiens berühmteste Gemäldegalerie und eine der größten Pinakotheken der Welt, vermitteln einen umfassenden Überlick über die verschiedenen Schulen der florentinischen Malerei, die hier mit bedeutenden Arbeiten und authentischen Meisterwerken vertreten sind. Die Galerie enthält darüber hinaus neben zahlreichen Sammlungen italienischer Schulen (insbesondere des venetischen Kreises) einen wertvollen Kern der flämischen Schule sowie eine weltbekannte Selbstporträt-Sammlung. Eine beachtliche Anzahl antiker Skulpturen und eine reichhaltige Gobelinsammlung runden das künstlerische Panorama ab.

Die Familie Medici beauftragte Giorgio Vasari mit dem Bau der ursprünglich als Verwaltungs— und Justizräume geschaffenen Uffizi (daher der Name). Das 1560 begonnene und zwanzig Jahre später fertiggestellte Gebäude besteht aus zwei langgestreckten Baukörpern mit Portiken im Erdgeschoß, die an der Rückseite am Arno durch einen Arkadentrakt geschlossen werden. An den Innenseiten der Gebäudeflügel stehen zwischen den Säulen mächtige Pfeiler mit Nischen, die Statuen von illustren toskanischen Persönlichkeiten (19. Jh.) enthalten. Das erste Geschoß weist schöne Fenster auf, im zweiten Stock verläuft eine luftige Loggia.

Neben der **Galerie** im zweiten Stock beherbergt das Uffiziengebäude das **Staatsarchiv** mit seltenen

Auf gegenüberstehender Seite oben, die Uffizienfassade am Arno. Unten, der Uffizienplatz.

Oben links, Madonna di S. Trinita von Cimabue; rechts, Ognissanti-Madonna von Giotto. Unten, Der Erlöser zwischen vier Heiligen, Tafelgemälde von Meliore di Jacopo.

Oben, Polyptychon des hl. Pankratius von Bernardo Daddi; links, Verkündigung von Simone Martini.

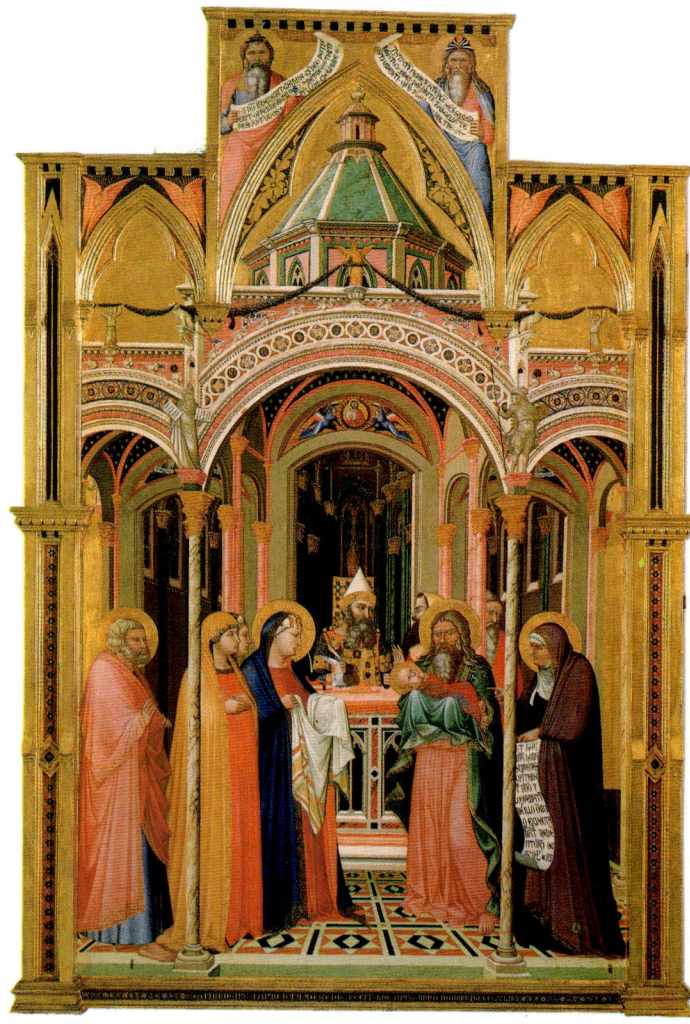

Oben links, Thronende Madonna mit Kind von Pietro Lorenzetti; rechts, Darstellung Jesu im Tempel von Ambrogio Lorenzetti. Links, Kruzifix mit Passionsgeschichten vom Maestro del S. Francesco Bardi.

Dokumenten über die Stadtgeschichte. Im Erdgeschoß sind die 1971 freigelegten und restaurierten Reste der romanischen **Kirche San Piero Scheraggio** zu sehen, unter anderem wertvolle Fresken von Andrea del Castagno. Im ersten Stock ist das **Gabinetto dei Disegni e delle Stampe**.

Oben, Verkündigung von Leonardo da Vinci; links, Anbetung der Hirten von Lorenzo di Credi.

*Oben, Porträts der Herzöge von
Urbino von Piero della Francesca.
Rechts: Madonna mit Kind und
Heiligen von Ghirlandaio.*

Oben, Madonna des Magnificat von Botticelli. Gegenüber, oben, Der Frühling, und unten, Die Geburt der Venus von Botticelli.

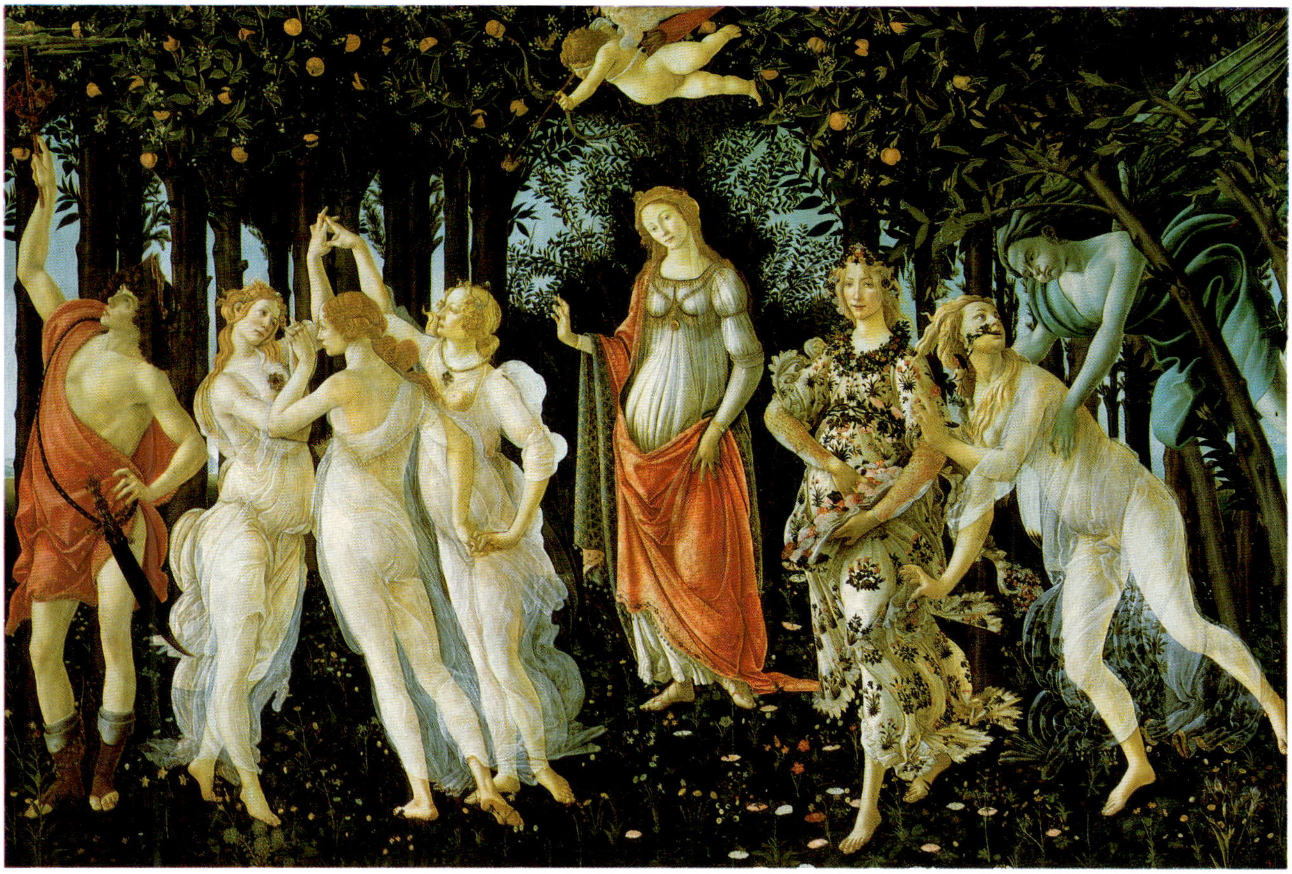

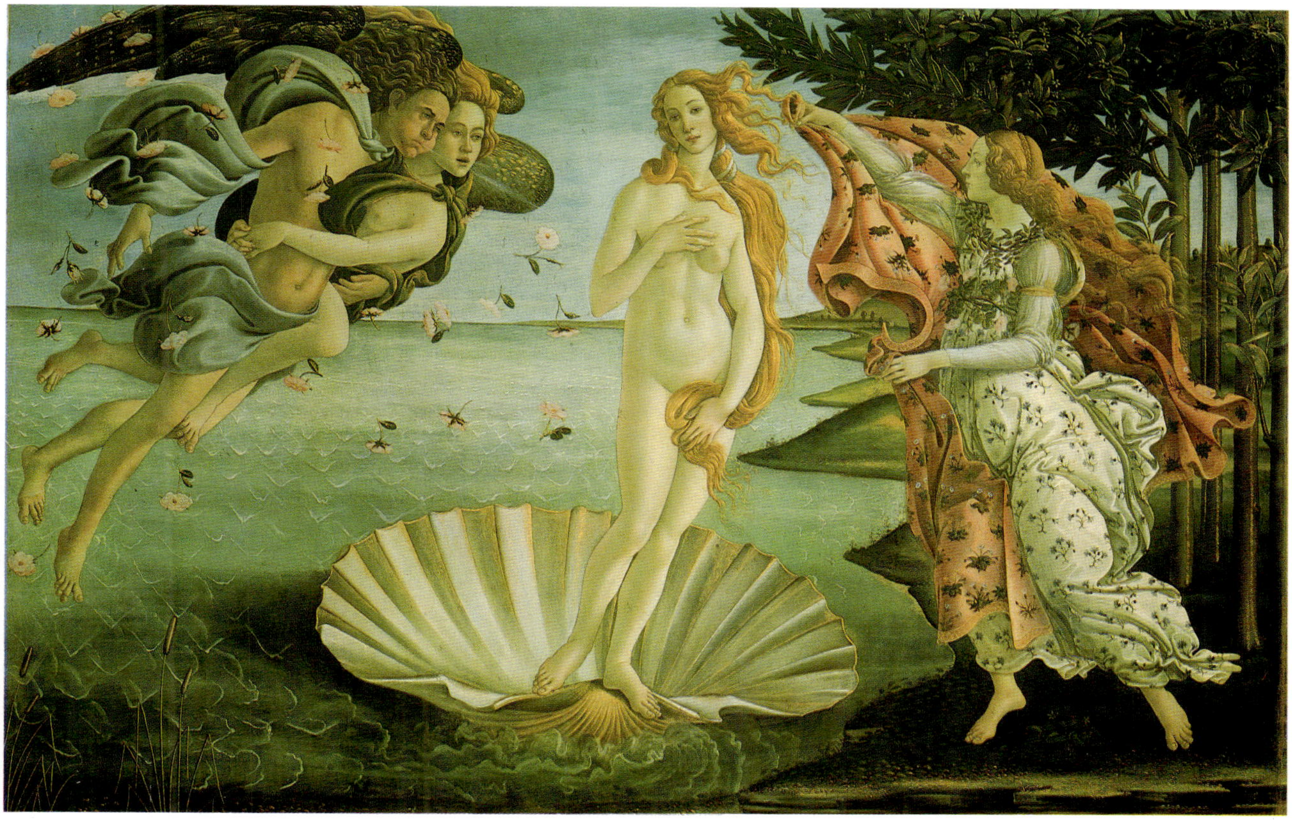

Oben, Portinari-Altar von Hugo van der Goes. Links, Anbetung der Könige von Gentile da Fabriano.

Oben, Die Heilige Familie von Michelangelo.

Oben links, Cosimo il Vecchio von Pontormo; rechts: Madonna mit Kind von Giulio Romano. Links, Der Bethlehemitische Kindermord von Daniele da Volterra. Gegenüber, oben, Venus und Cupido von Alessandro Allori; unten, Marie-Henriette von Frankreich von Jean-Marc Nattier.

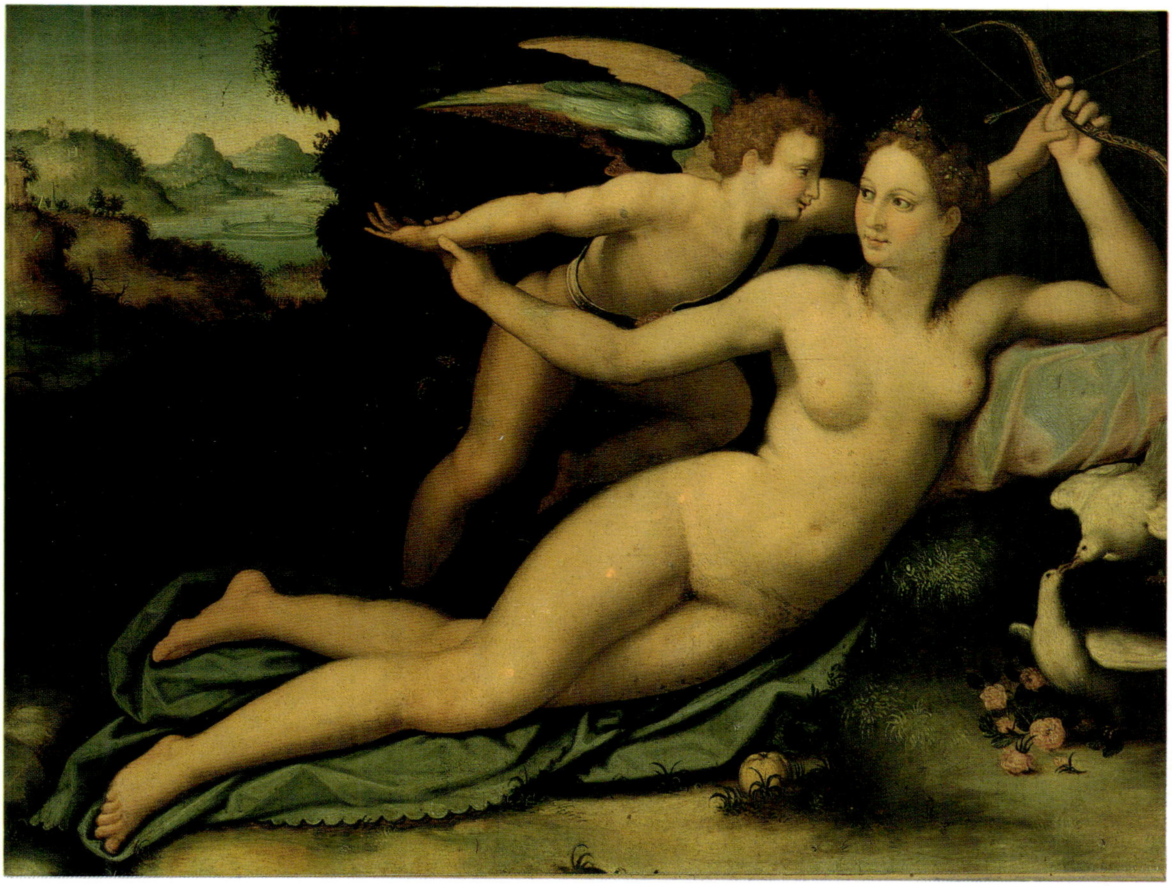

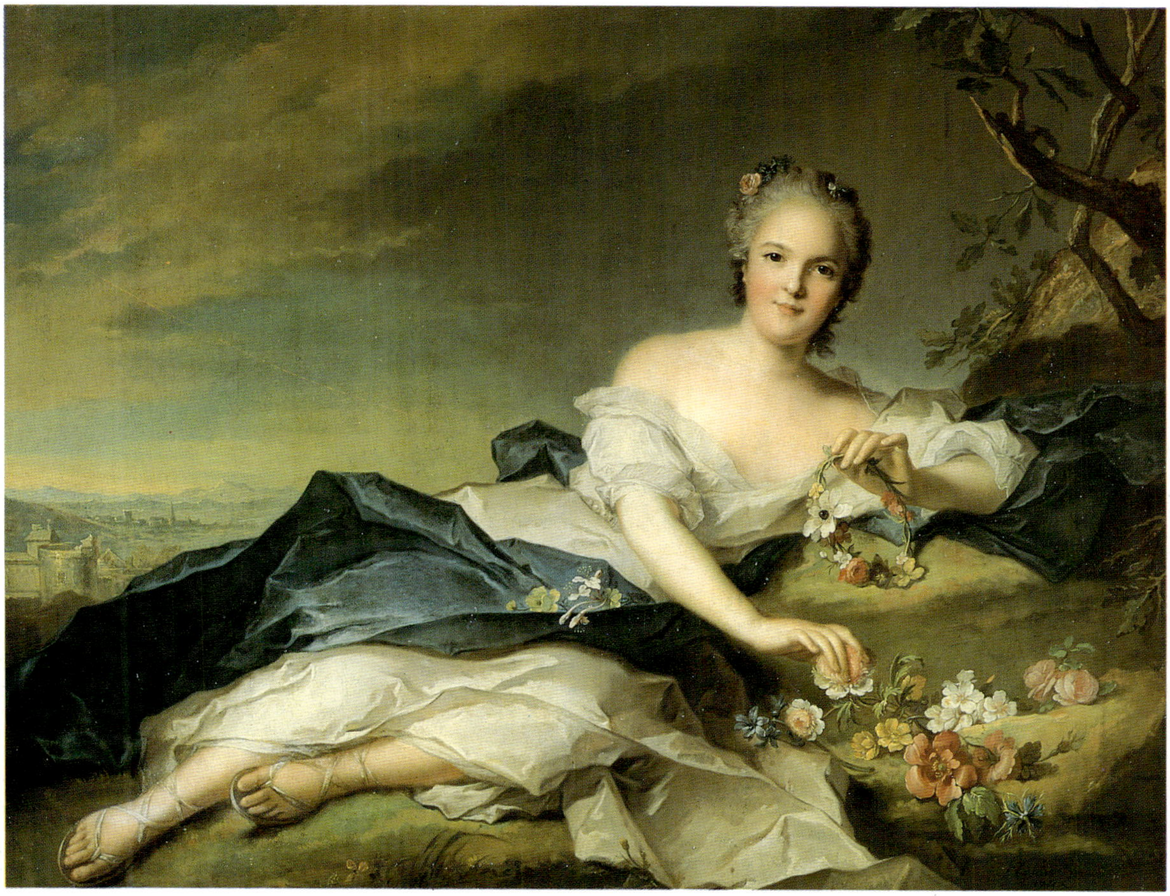

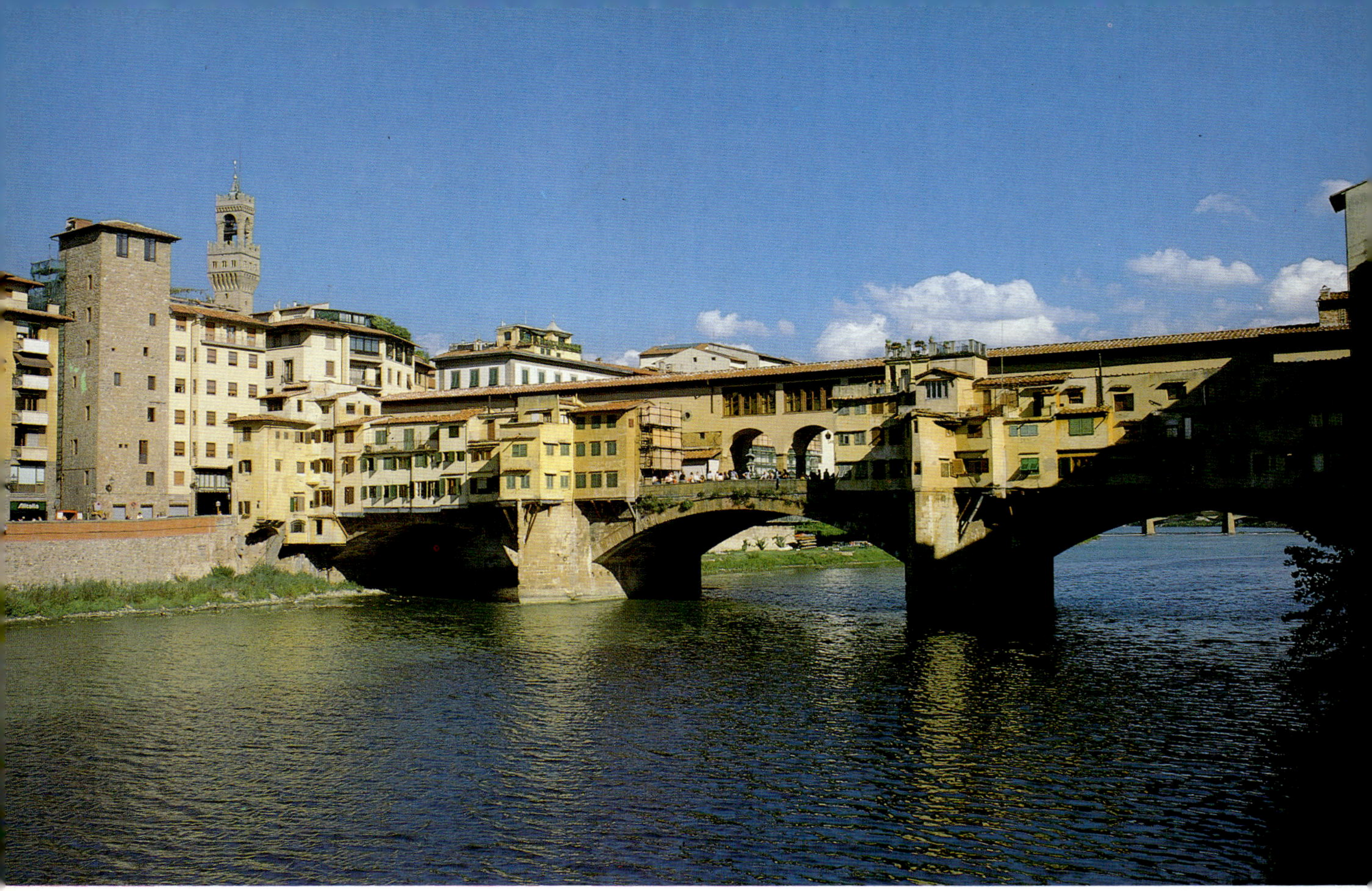

Oben: die flußabwärts ausgerichtete Brückenseite des Ponte Vecchio über den Arno; links: die Büste des Cellini. Gegenüber, oben: die flußaufwärts ausgerichtete Seite der Brücke und unten: eine Teilansicht einiger Werkstätten auf der Brücke und der Bögen, auf denen der Korridor des Vasari ruht.

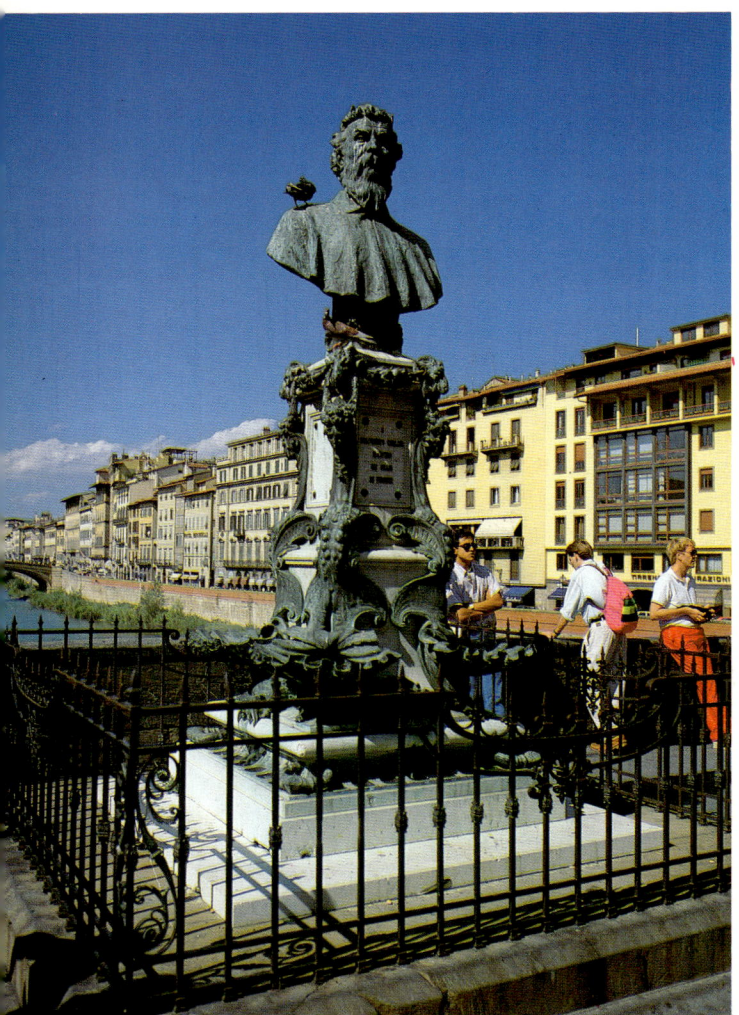

DER PONTE VECCHIO UND DIE BRÜCKEN VON FLORENZ

Heute besitzt Florenz zehn Brücken; bis 1957 jedoch waren es sechs, die im Laufe der Jahrhunderte verändert worden waren. Alle Brücken wurden nach den verheerenden Zerstörungen durch deutsche Minen im Jahr 1944 wieder aufgebaut. Der **Ponte Vecchio** ist die älteste Brücke der Stadt, nicht nur weil sie als einzige noch in ihrer ursprünglichen Form erhalten ist, sondern weil sie genau an der Stelle steht, an der sich zumindest drei Vorgängerbrücken befanden: eine aus römischer Zeit, eine, die 1117 zerstört wurde und schließlich die Brücke, die dem Hochwasser von 1333 zum Opfer fiel. Die Brücke, so wie wir sie heute bewundern können, wurde 1345 von Neri di Fioravante erbaut; sie ist solide, elegant und ruht auf drei Bögen. Ungefähr in der Mitte des Brückenfelds ist ein freier Teil ausgespart, von dem aus man einen schönen Blick auf den Arno und die anderen Brücken hat. Oberhalb der Häuser verläuft der **Corridoio Vasariano**, der Gang des Vasari, der gebaut wurde, damit Cosimo I. ungestört vom Palazzo Vecchio zum Palazzo Pitti gelangen konnte. Die Geschäfte auf der Brücke gehören seit dem 16. Jahrhundert Goldschmieden, früher noch Fleischern und anderen.
Die zweite Florentiner Brücke ist der **Ponte Nuovo** oder **Ponte alla Carraia** (1220), die für den « schweren » Verkehr der damaligen Zeit bestimmt war. Auch sie wurde

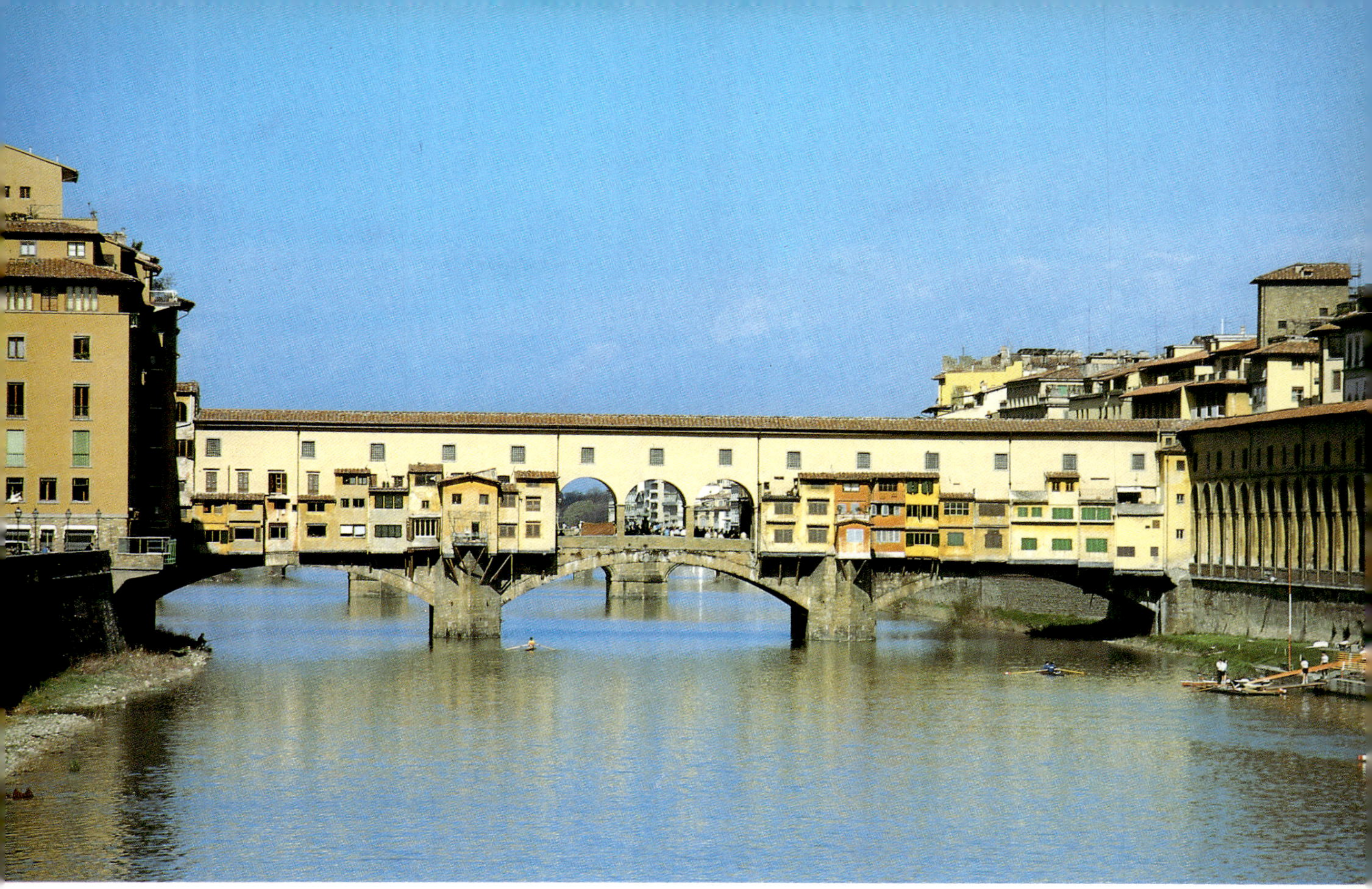

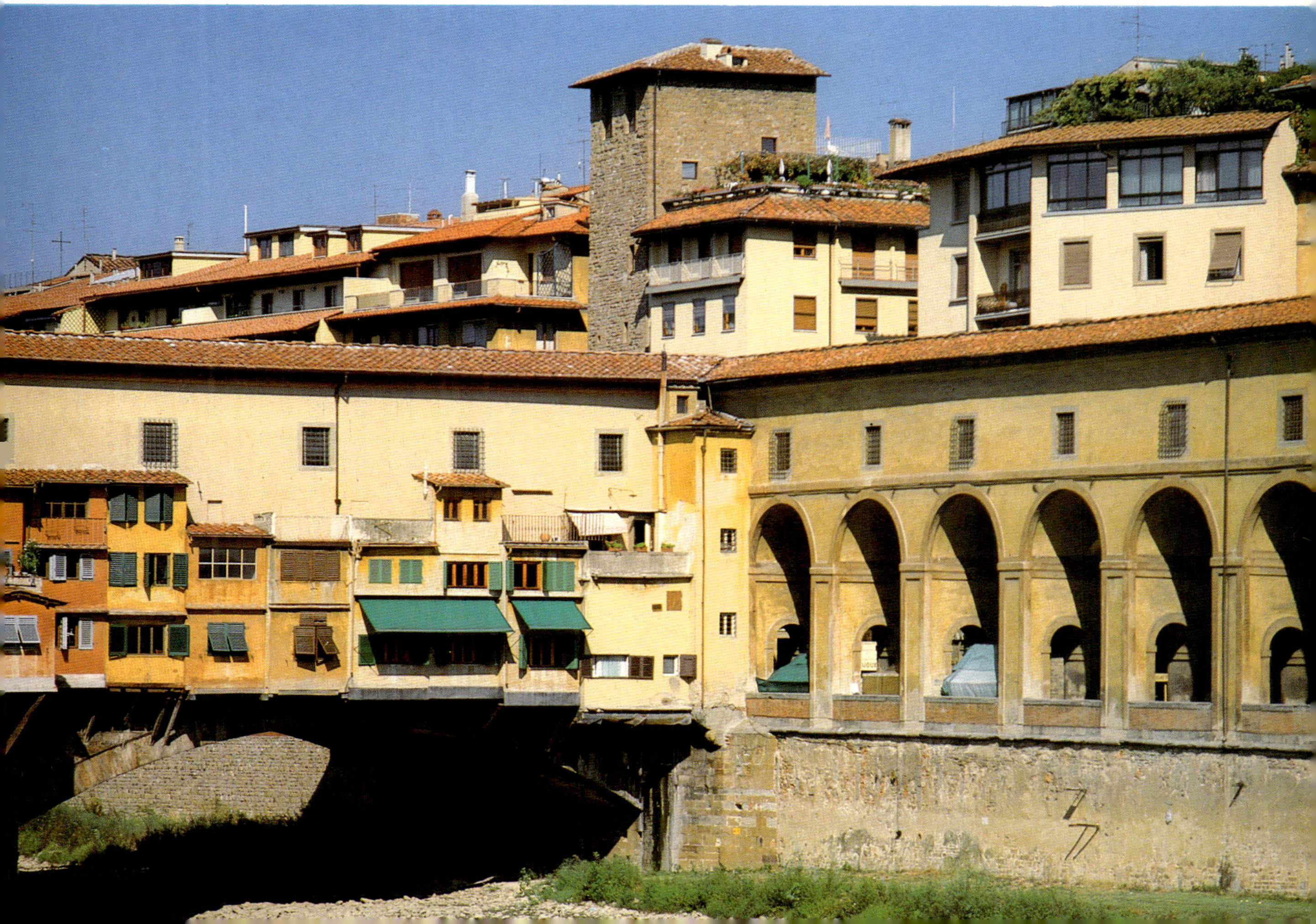

nach den Überschwemmungen von 1274 und 1333 rekonstruiert und schließlich nach der Zerstörung von 1944 wiederaufgebaut. Die dritte Brücke ist der **Ponte alle Grazie** (1237), die ihren Namen einer Kapelle verdankt, die der Madonna delle Grazie, der Muttergottes der Anmut, gewidmet ist. Die Brücke, die wir heute sehen, stammt aus der Zeit nach dem Krieg. Die vierte Brücke ist der **Ponte S. Trinita**, ein Meisterwerk Ammannatis (1567-70). Zwei weitere Brücken stammen aus dem 19. Jahrhundert: die Brücke **S. Niccolò** und die an den Cascine (ursprünglich als Hängebrücke konzipiert), die 1928 in **Ponte alla Vittoria** umbenannt wurde. 1957 wurde die Brücke **Ponte Vespucci** eingeweiht; sie ist die erste moderne Brücke und die siebte von Florenz. 1969 kam die Brücke **Giovanni da Verrazzano** hinzu, sowie der **Viadukt des Indiano**, jenseits der Cascine und die **Brücke des Varlungo**.

DER TURM DER MANNELLI

Der **Turm der Mannelli** gehörte der gleichnamigen Familie, die, ursprünglich ghibellinisch, sich in zwei Teile aufsplitterte: einen ghibellinischen und einen guelfischen. Dieses Gebäude konnte glücklicherweise vor dem Abriß bewahrt werden, denn der Corridoio Vasariano, den Cosimo I. bauen ließ, hätte mitten durch den Turm hindurchgeführt. Doch der Großherzog war so edelmütig, die Bitten der Mannelli zu erhören und verschonte den Turm, der sich auch heute noch auf der anderen Arnoseite am Ponte Vecchio befindet.

Links: der Turm der Mannelli; unten: der Ponte Vecchio und seine Geschäfte. Gegenüber, oben: die Brücke S. Trinita und der Ponte Vecchio; unten: die Brücke S. Trinita flußaufwärts.

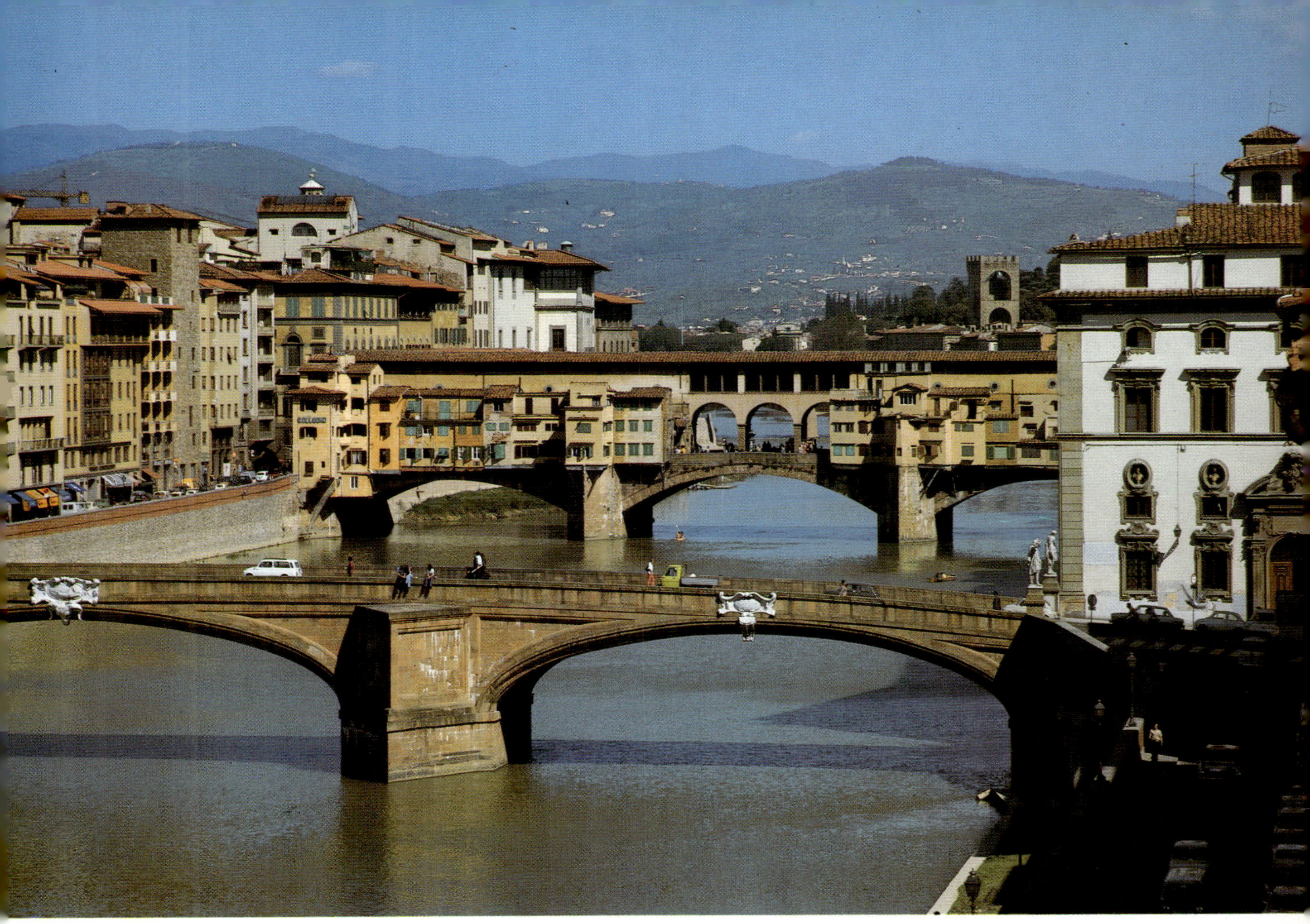

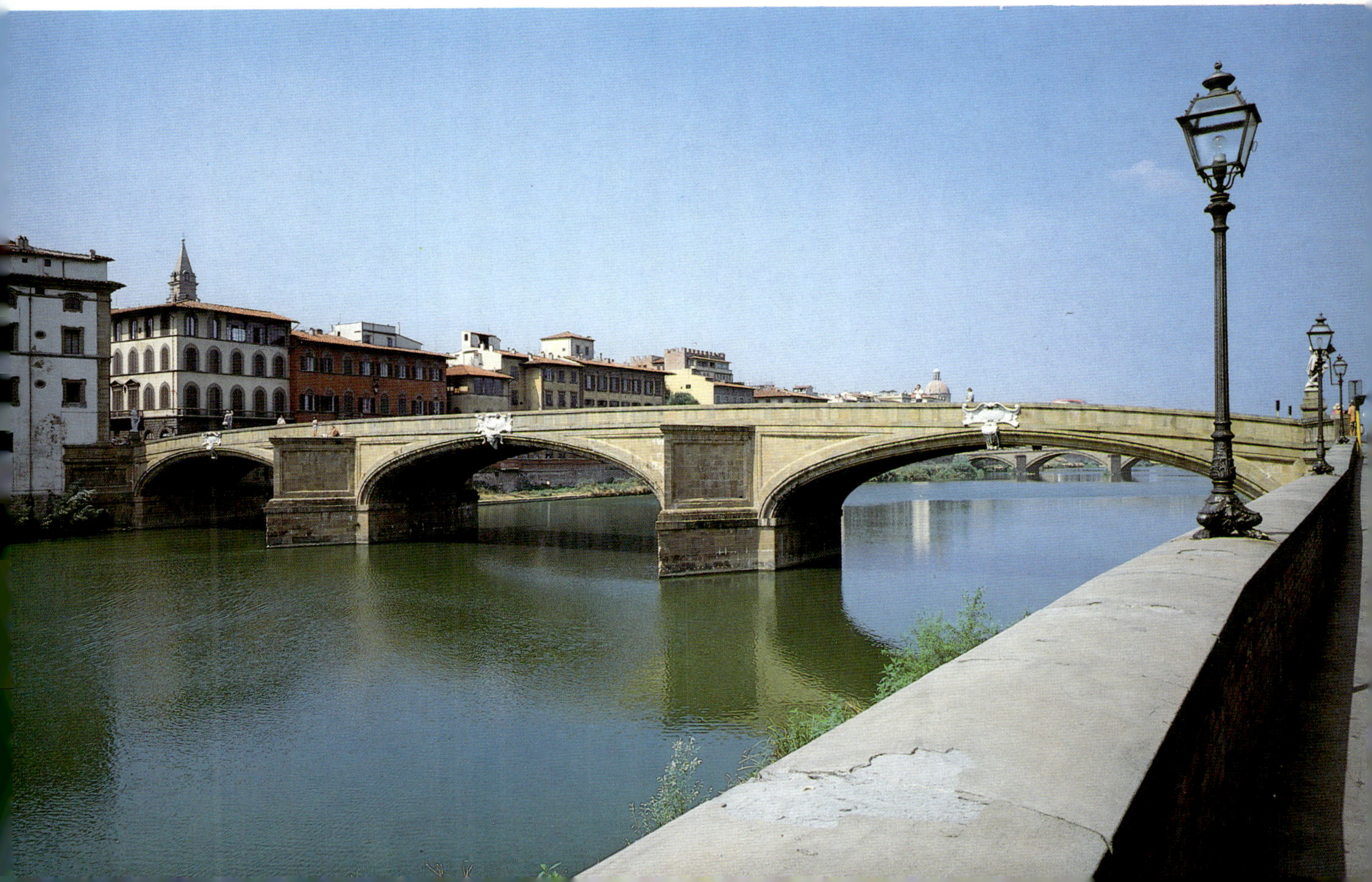

DER PLATZ UND DIE BRÜCKE SANTA TRINITA

Die Brücke **Ponte Santa Trinita** wird an ihrem nördlichen Brückenkopf in Richtung Stadtzentrum von den Figuren des *Frühlings* und des *Sommers* geschmückt (gegenüber, unten links). Am **Palazzo Ferroni** vorbei (gegenüber, oben) gelangt man zur **Piazza Santa Trinita** (gegenüber, unten links), in ihrer Mitte steht die **Säule der Giustizia**, ein romanischer Fund aus den Caracalla-Thermen, die auf der Spitze um die Figur der *Justizia* bereichert wurde, die dem Komplex seinen Namen gab.

DER PLATZ DER REPUBLIK

Hier war früher einmal das Forum Romanum, wo sich der « cardo » und der « decumanus » kreuzten. Im Mittelalter war hier das belebte Zentrum des Alten Markts. Der Platz kam zu seiner heutigen anonymen Form als 1887 das Zentrum der Stadt zum allgemeinen Entsetzen niedergerissen wurde. So entstanden an der Stelle von Türmen und alten Häusern, dem historischen Judenviertel, Kirchen, Geschäften und Marktständen die großen Paläste und Cafès. Es entstand auch der große Bogen, der zur via Strozzi führt und wie der Platz selbst nach Vittorio Emanuele II. benannt ist.

DER PALAZZO STROZZI

Dies ist das typische Beispiel eines Renaissance-Palastes. Er wurde 1489 von Benedetto da Maiano entworfen. Im unteren Teil aus Pietra Forte öffnen sich das große Portal mit seinem Bogen aus Bossenwerk und die rechteckigen Fenster; der obere Teil des Bauwerks, der Cronaca

Rechts: der Palazzo Strozzi; unten: der Platz der Republik.

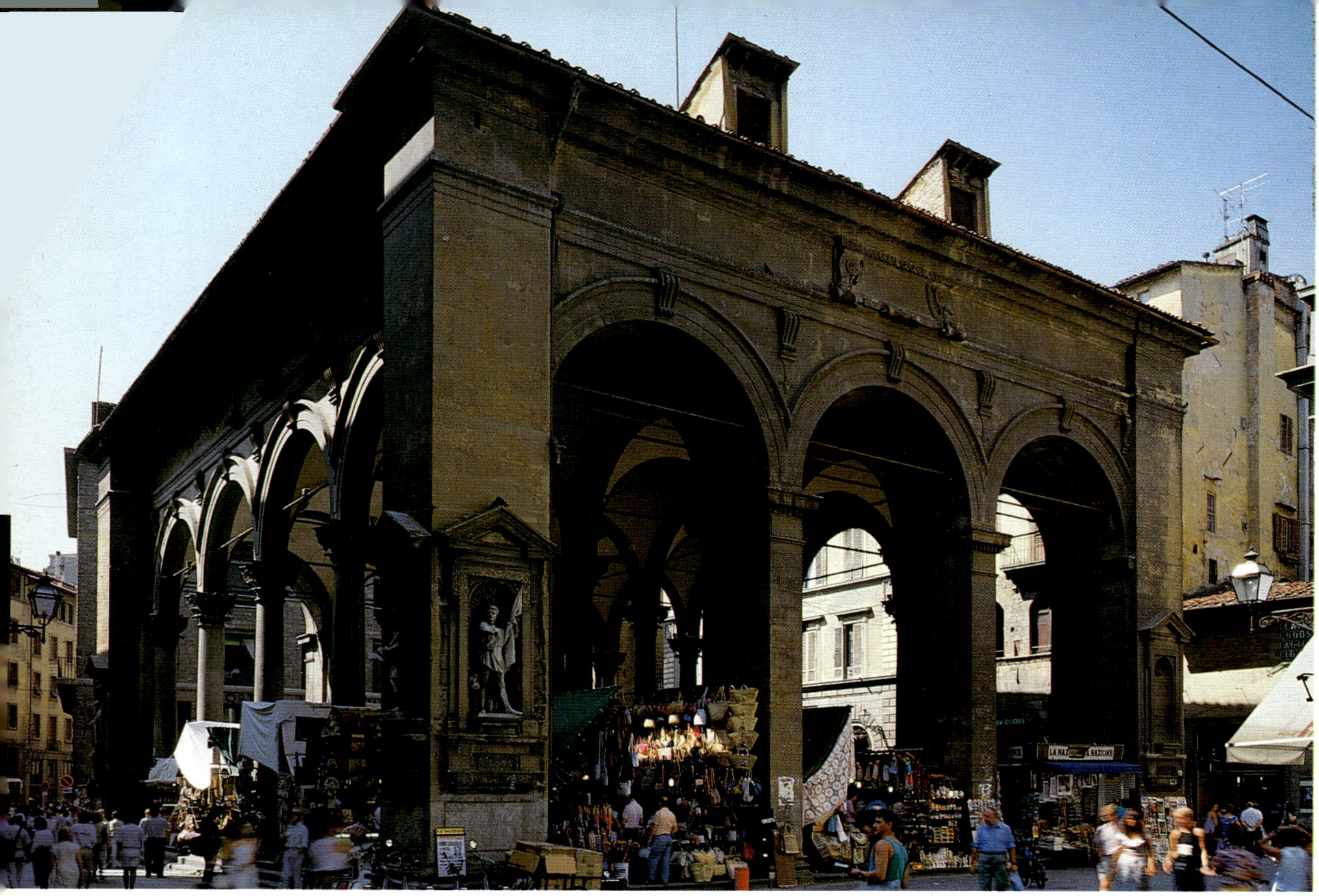

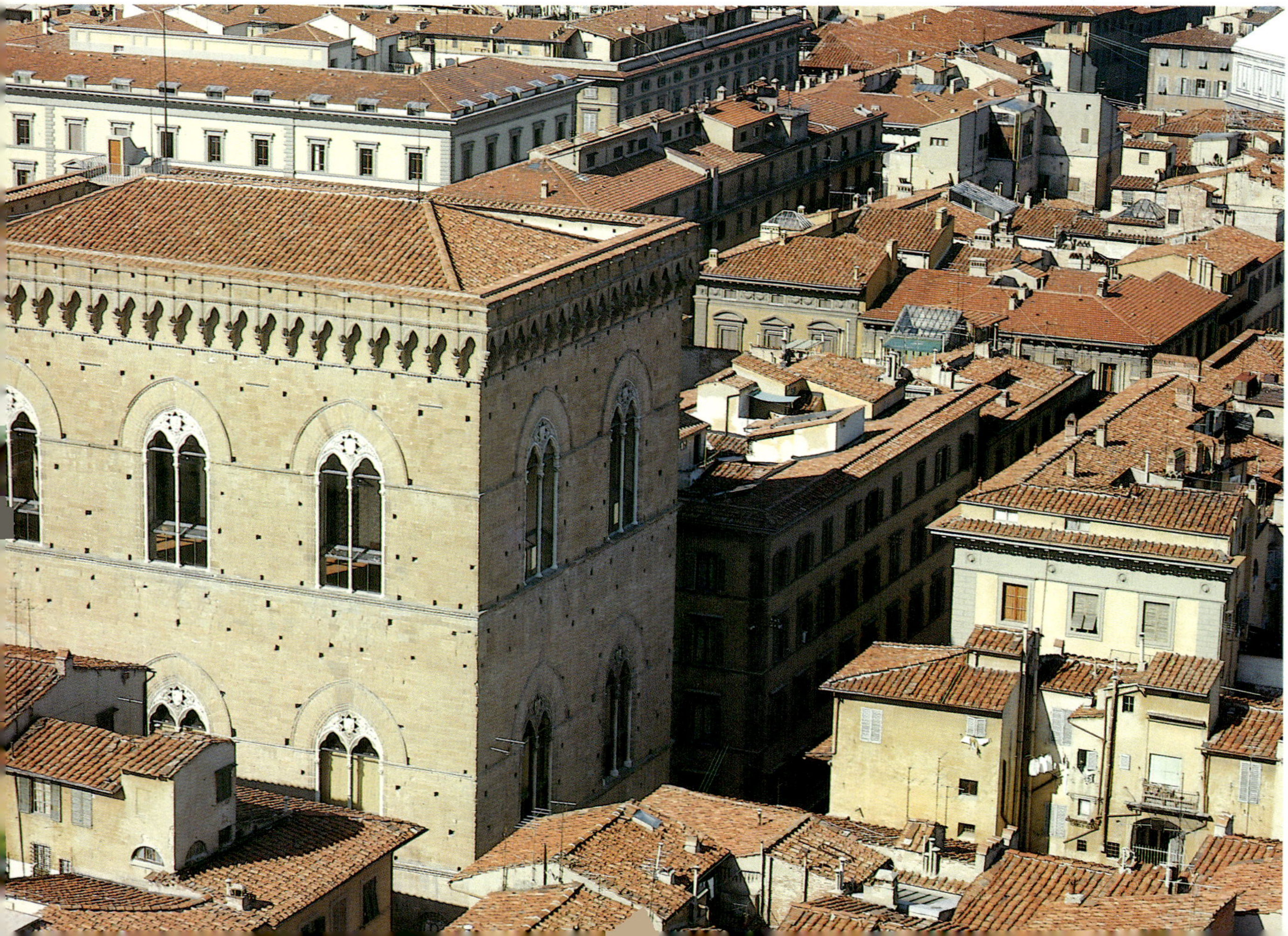

zugeschrieben wird, wird von zwei klassizistisch anmutenden gezackten Gesimsen unterteilt und endet ganz oben in einem großen Gesims.

ORSANMICHELE

Diese Kirche war einst eine Loggia, die als Getreidemarkt diente (ein Bau des Arnolfo di Cambio von 1290). Sie wurde bei einem Brand 1304 zerstört und nach ihrem Wiederaufbau 1337 (ein Werk des Francesco Talenti, Neri di Fioravente und Neri di Cione) zwischen 1380 und 1404 als Kirche bestimmt. Das Bauwerk hat die Form eines großen Parallelepipedon (die Bögen der Loggia bilden die Basis), das durch eine spätgotische Marmordekoration geschmückt wird. Der obere Teil ist in Pietra Forte mit zwei Reihen von großen Zwillingsfenstern gestaltet. An den Außenflächen der Kirche öffnen sich Nischen und Tabernakel mit Statuen (berühmt sind die des *Heiligen Johannes des Täufers* von Ghiberti, 1414-16; des *Heiligen Thomas* von Verrocchio, 1464-83; die Statuen der *vier gekrönten Heiligen* von Nanni Banco, 1408 und die Kopie des *Heiligen Georg* von Donatello, 1416). Im Innenraum ist das grandiose *Tabernakel des Orcagna* (1355-59) in hochgotischem Stil zu sehen.

Gegenüber oben: Die Loggia des Neuen Markts, die Giovan Battista del Tasso Mitte des 16. Jahrhunderts baute.
Die Figuren in den Nischen der Pfeiler stammen aus dem 19. Jahrhundert und stellen berühmte florentiner Persönlichkeiten der Vergangenheit dar.

Gegenüber unten: der viereckige Baukörper, in dessen Erdgeschoß sich die Kirche von Orsanmichele befindet; auf dieser Seite oben: das Tabernakel des Orcagna und unten: das Innere der Kirche.

Oben: die Fassade von S. Maria Novella; links: einer der Obelisken auf dem Platz. Auf der Seite gegenüber: zwei Bilder der großen Kapelle der Spanier.

S. MARIA NOVELLA

Die Errichtung dieser Kirche wurde 1246 von den Domenikanermönchen Sisto da Firenze und Ristoro da Campi dort begonnen, wo ehemals im 10. Jahrhundert das Dominikaneroratorium S. Maria delle Vigne stand. Die Kirchenschiffe entstanden 1279, und in der zweiten Hälfte des 10. Jahrhunderts wurde die Kirche mit ihrem **Kampanile** und der **Sakristei** von Jacopo Talenti vollendet. Die herrliche Fassade wurde zwischen 1456 und 1470 von Leon Battista Alberti erneuert (die ursprüngliche Fassade stammte aus den ersten Jahren des 14. Jahrhunderts), der auch das wunderschöne Portal und den ganzen Fassadenabschnitt darüber gestaltete, der von Intarsienquadraten untergliedert ist und von den *Wappen* der Familie Rucellai, der Auftraggeber des Werkes, begrenzt wird. Zwei große umgekehrte Voluten verbinden die Seitenteile mit dem mittleren Teil, der von vier Halbpfeilern gegliedert wird und oben von einem dreieckigen Tympanon gekrönt ist.

S. MARIA NOVELLA

INNENRAUM
Die Kirche enthält zahlreiche Werke aus dem 14. bis 16. Jahrhundert. Besonders sehenswert sind das *Denkmal der Seligen Villana* von Rossellino (1451), die *Büste des Hl. Antonius* (Terrakotta) und das *Grabmal des Bischofs von Fiesole* von Tino da Camaino; die wunderschöne

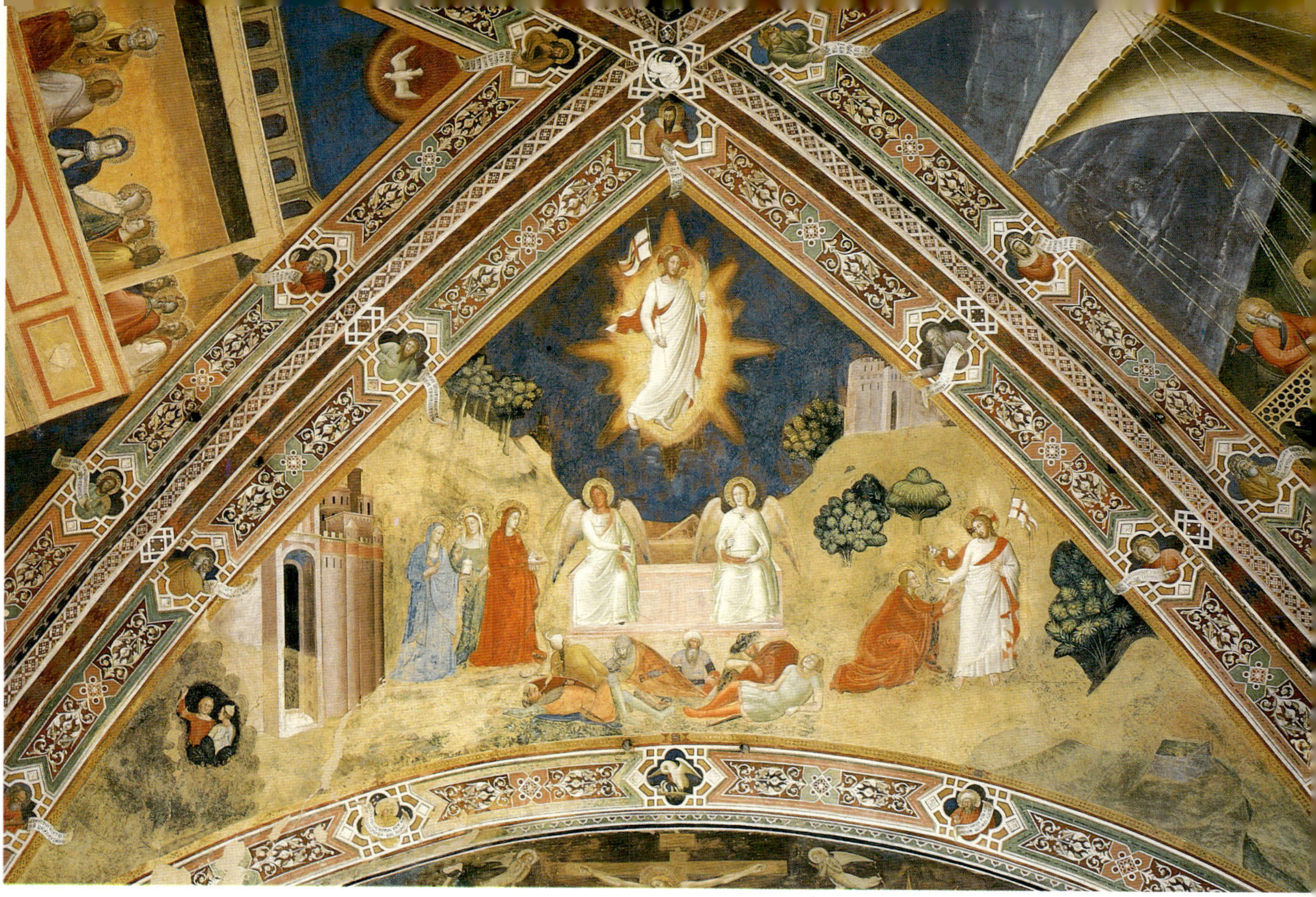

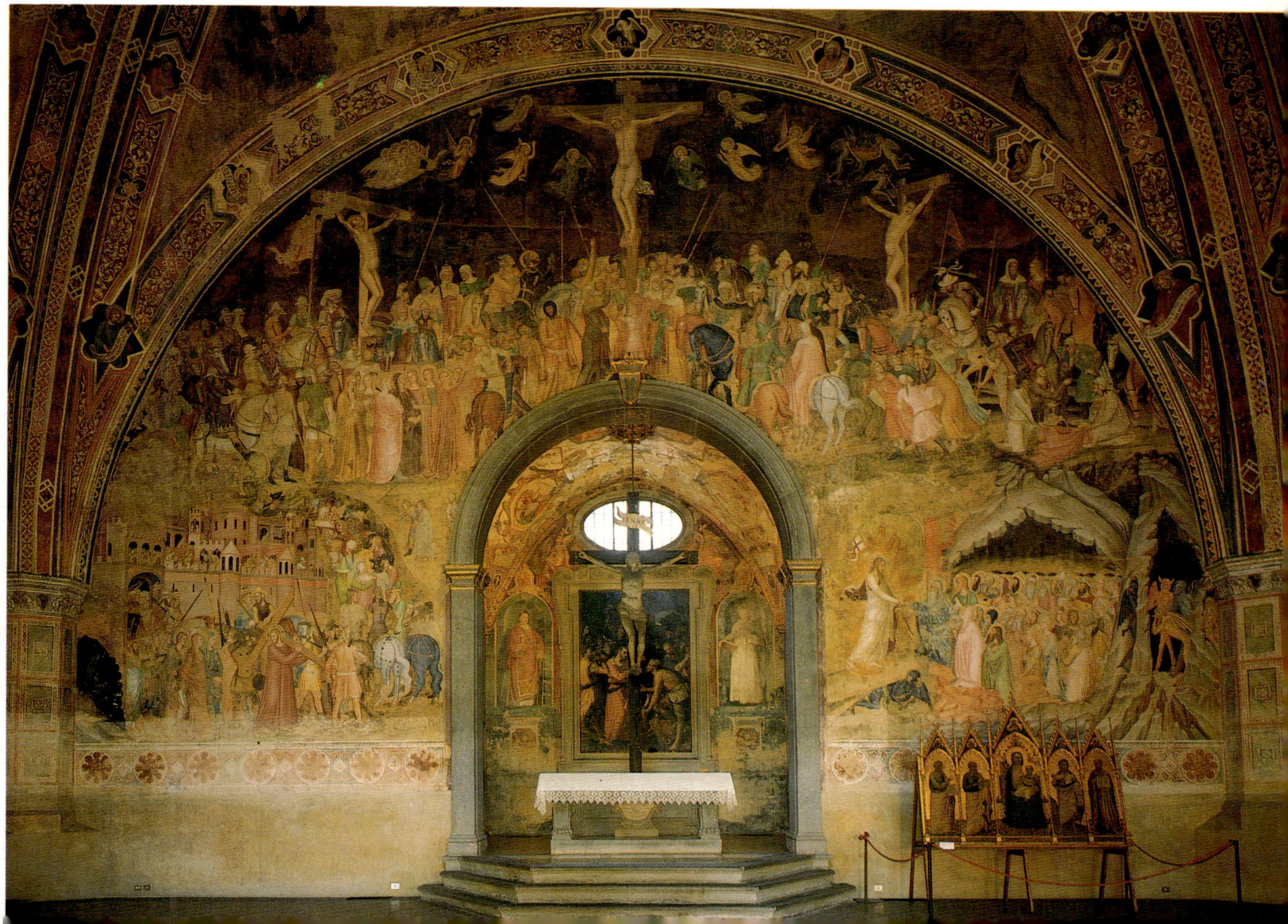

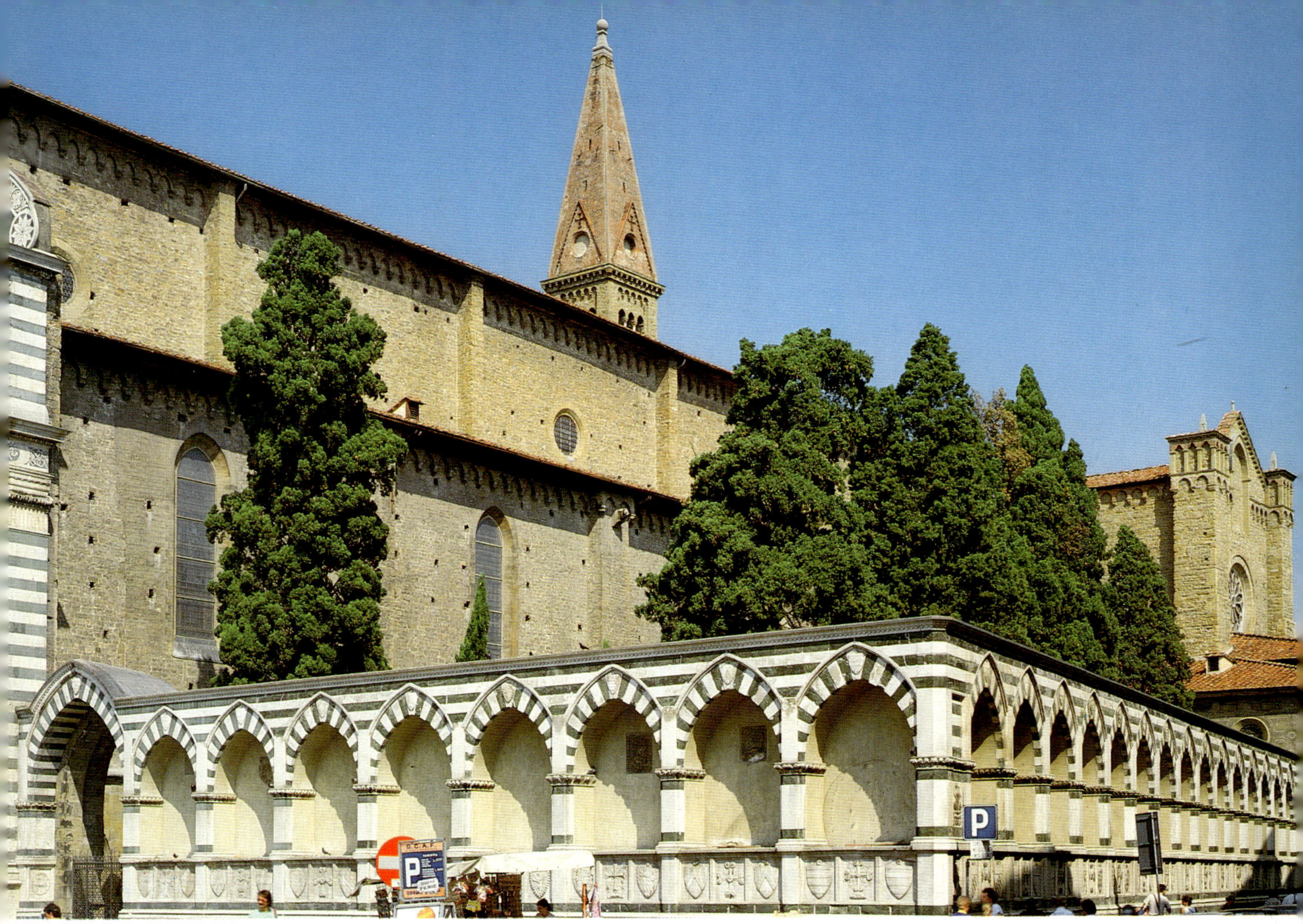
P

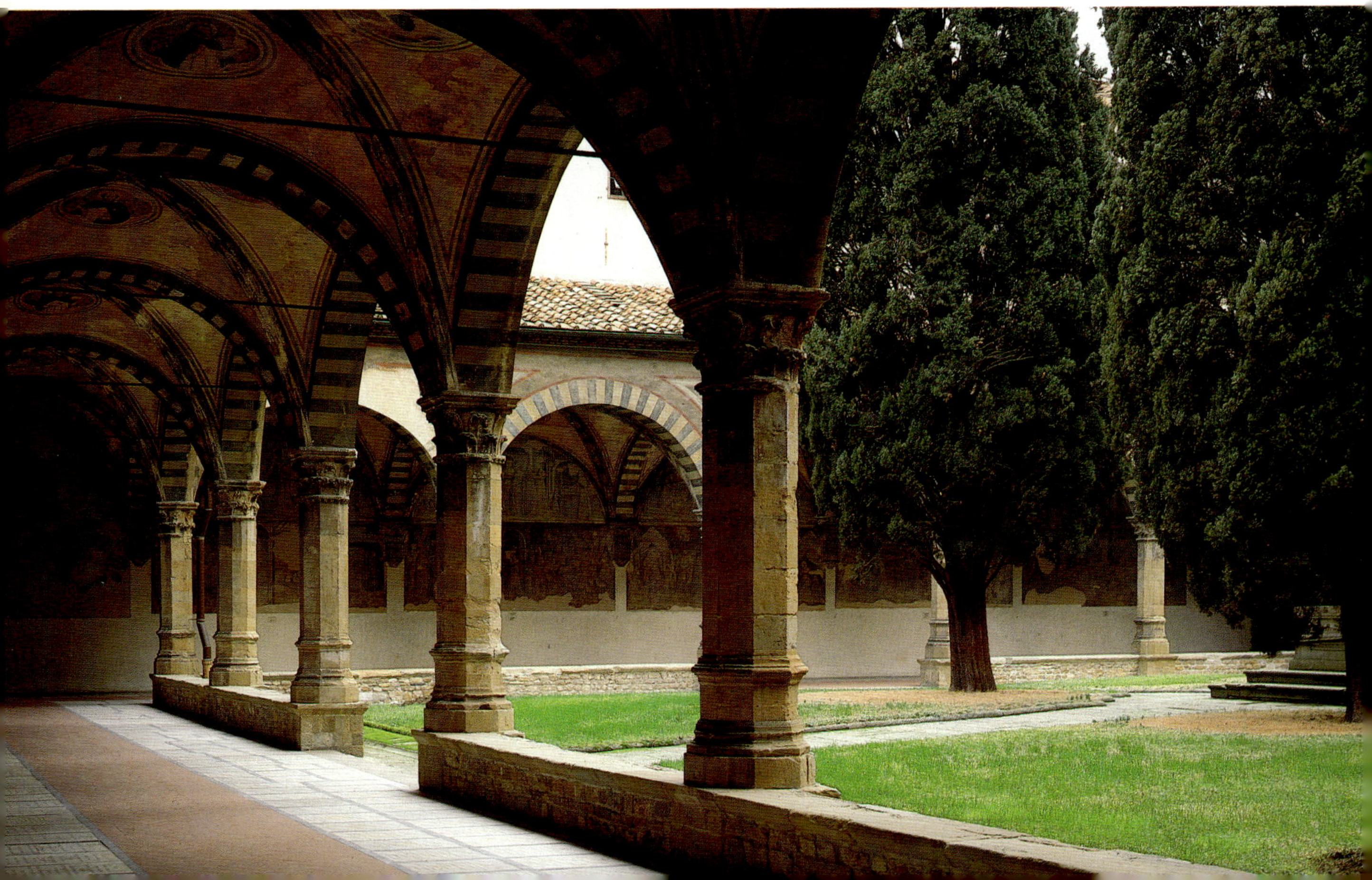

Grabplatte des Leonardo Dati von Ghiberti (1423); das *Grabmal des Filippo Strozzi* von Benedetto da Maiano 1491); die *Rosenkranz-Madonna* des Vasari (1568); das *Wunder Jesu* des Bronzino. Besondere Aufmerksamkeit sollte der **Cappella Maggiore** (oder Cappella dei Tornabuoni) zuteil werden; auf dem Altar sieht man ein schönes *Bronze-Kruzifix* des Giambologna und die Fresken mit den *Szenen aus dem Leben des HL. Johannes des Täufers* und *Szenen aus dem Leben der Madonna* von Domenico Ghirlandaio (Ende 15. Jahrhundert). Auch die **Cappella Gondi** ist sehenswert, sie ist ein Werk des Giuliano da Sangallo und weist in ihrem Gewölbe Überreste von *Fresken* griechischer Künstler des 13. Jahrhunderts auf und an der hinteren Wand das berühmte *Kruzifix* des Brunelleschi. Die **Cappella Strozzi di Mantova** enthält an ihrer hinteren Wand Fresken des *Jüngsten Gerichts,* an der rechten Wand die Hölle und an der linken das *Paradies* von Nardo di Cione oder Orcagna. Durch die Gittertür links der Fassade gelangt man in den **Ersten Kreuzgang** in romanischem Stil (1350), der mit Fresken mit *Szenen aus dem Alten Testament* von Paolo Uccello ausgemalt ist (sie werden heute im **Refektorium** aufbewahrt). Von hier gelangt man über den kleinen **Kreuzgang der Toten** in den **Großen Kreuzgang,** der über fünfzig Arkaden hat und ganz mit Fresken Florentiner Meister des 15. und 16. Jahrhunderts ausgemalt ist.

DIE KAPELLE DER SPANIER

In den alten Kapitelsaal des Klosters gelangt man durch ein Portal auf der Nordseite des **Ersten Kreuzganges** (Grüner Kreuzgang). Er ist ein Werk von Jacopo Talenti

Auf der Seite gegenüber, oben: zweifarbige Bögen begrenzen S. Maria Novella auf der rechten Seite; unten: der große Kreuzgang. Auf dieser Seite: einige Teilansichten der großen Kapelle der Spanier.

Oben: die Fassade der Kirche S. Lorenzo; links: der Kreuzgang; gegenüber, oben: der Innenraum der Kirche und unten: eine der Bronzekanzeln des Donatello.

(1359) und war für Eleonora di Toledo, die Frau Cosimos I. und die Gottesdienste ihres Gefolges bestimmt. Er wurde vollständig von Andrea di Bonaiuto (Mitte des 14. Jahrhunderts) mit Fresken ausgemalt; es werden Szenen dargestellt, die sich nach dem *Vorbild der wahren Buße* des Priors Jacopo Passavanti richten, einer exemplarischen Apologie des Dominikanerordens des Heiligen Dominikus und Heiligen Thomas von Aquin.

S. LORENZO

Dies ist die älteste Kirche der Stadt (sie wurde von dem heiligen Ambrosius 393 geweiht); sie wurde nach einem romanischen Bauplan 1060 rekonstruiert. Der heutige Kirchenbau geht auf das Jahr 1423 zurück und auf Brunelleschi. Die in ihrer Nacktheit zugleich großartige und bewegende Fassade blieb ohne Marmorinkrustation (das entsprechende Projekt Michelangelos wurde nie verwirklicht). Im Innenraum sind unter anderem die beiden *Bronzekanzeln* des Donatello sehenswert, weiter kann man die *Kantorei* und die *Alte Sakristei* sehen, ein Erstlingswerk von Brunelleschi (1419-28).

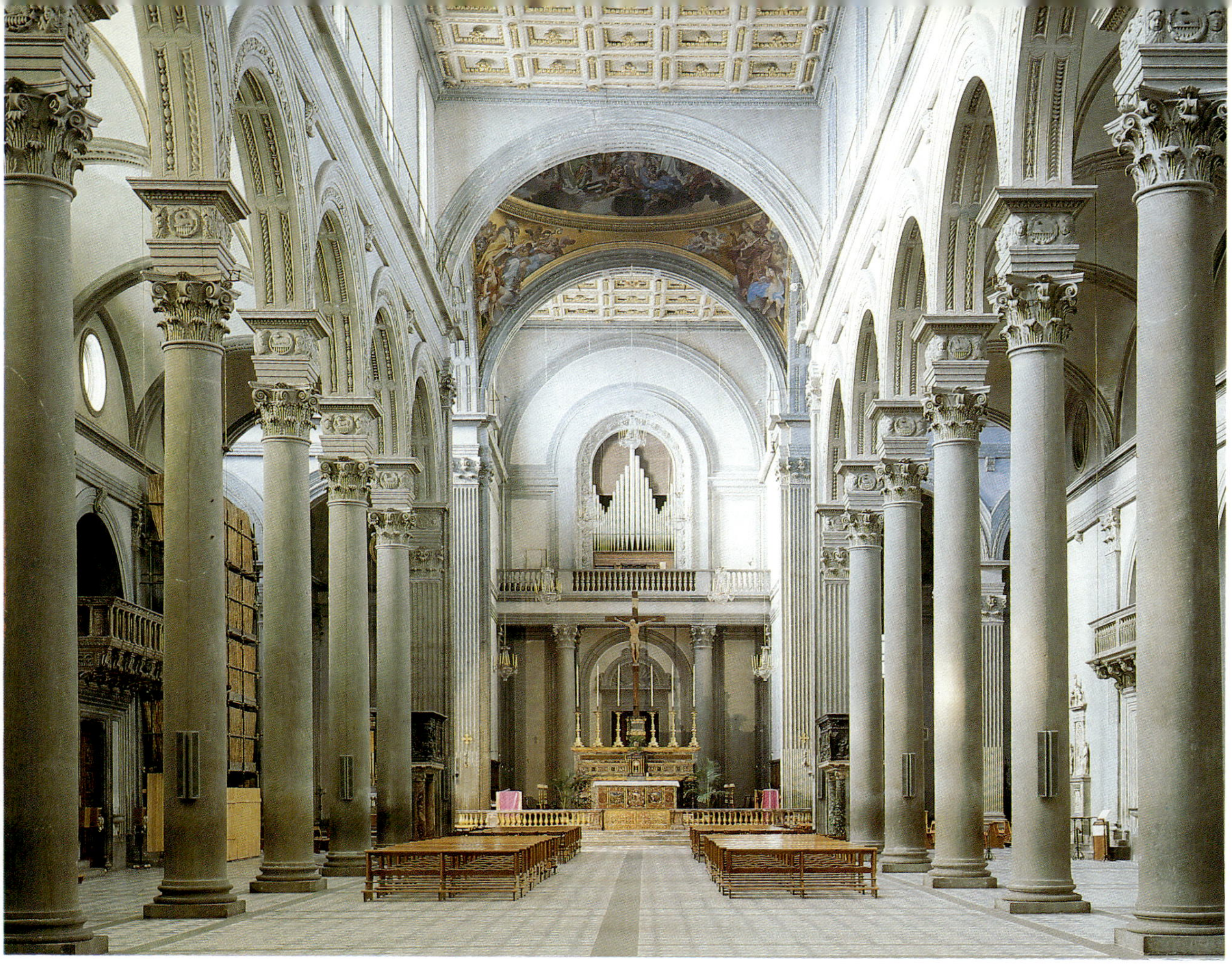

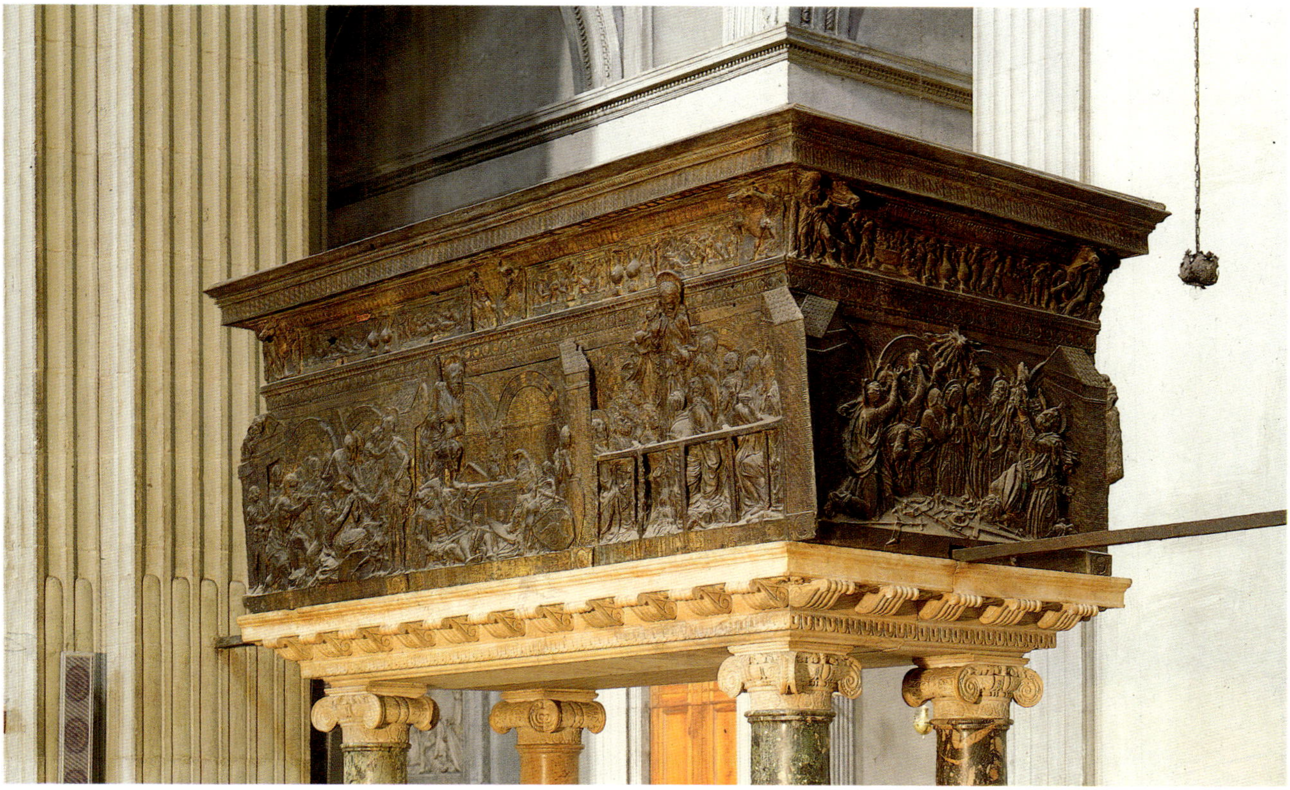

DIE MEDICI-KAPELLEN

Dieser weitläufige Gebäudekomplex, in dem sich die Gräber der Medici befinden, erhebt sich auf der Rückseite der Kirche San Lorenzo, deren Untergeschoss, sowie auch andere weite Räume, die Kapelle einnimmt. Durch den Eingang gelangt man in einen sehr großen, niedrigen Raum, der nach Plänen Buontalentis entstand und in dem wir die *Gräber Cosimos des Alten, Donatellos,* der *Lothringer* und anderer Großherzöge finden. Über eine Treppe gelangt man in die große **Fürstenkapelle**, für deren Planung und teilweise Ausführung Nigetti von 1602 bis zur Fertigstellung 1700 verantwortlich war (Buontalenti brachte einige Veränderungen an). Der Raum ist achteckig; seine Wände sind vollständig mit Stein und Marmor im barocken Stil verkleidet. Oberhalb des Sockels mit den *16 Wappen* der Städte des Großherzogtums Toskana befinden sich die *sechs Grabmäler* der Großherzöge *Cosimo III., Francesco I., Cosimo I., Ferdinando I., Cosimo II.* und *Ferdinando II.* Zwei davon werden mit der *Statue der Großherzöge* von Tacca bekrönt. Über einen Gang gelangt man von der Fürstenkapelle in die **Neue Sakristei**.

Links: die Kuppel der Fürstenkapelle; unten: eine Teilansicht des belebten Borgo S. Lorenzo. Gegenüber, oben: das Innere der Kuppel der Fürstenkapelle und unten: der Altar.

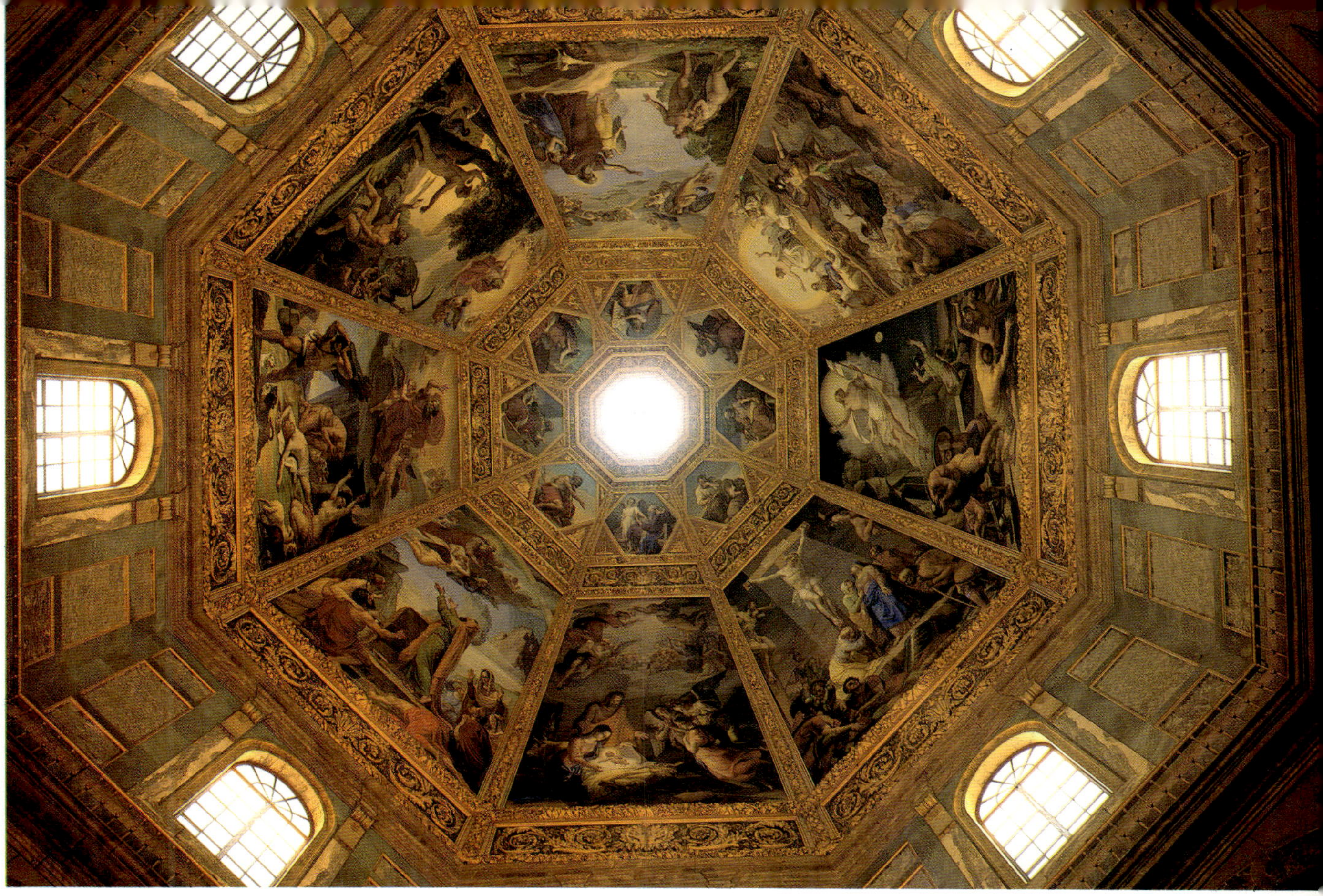

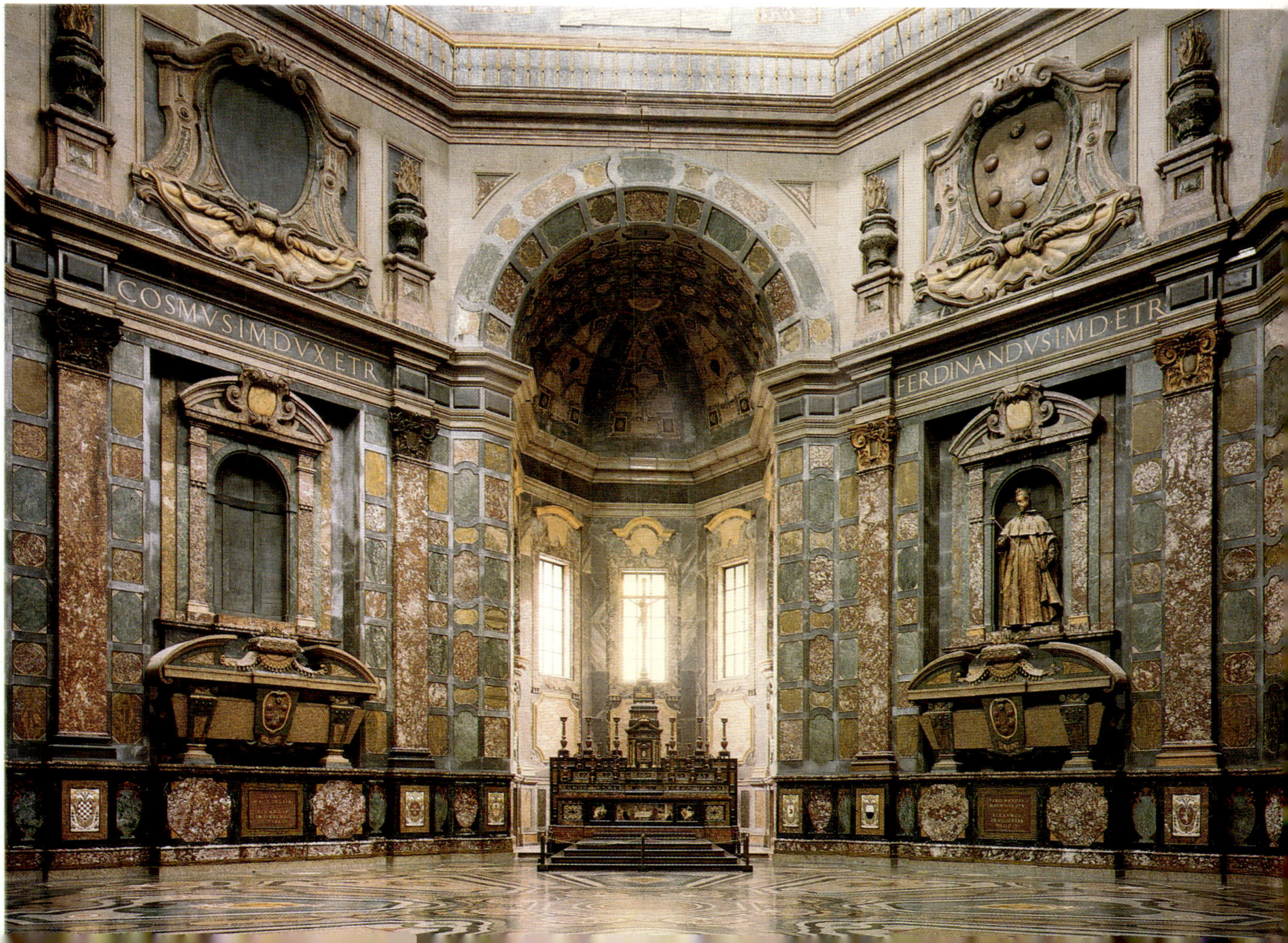
COSMVS I M DVX ETR
FERDINANDVS I M D ETR

DIE NEUE SAKRISTEI

In der Nähe des linken Querschiffes der **Basilika von S. Lorenzo** befindet sich die **Neue Sakristei**, zu der man von den **Medici-Kapellen** aus Zugang hat. Diese Sakristei ist ein Werk Michelangelos (1520), das mit der rhythmischen Dynamik seiner Ornamente das gemessene Gleichgewicht des von Brunelleschi gestalteten Raumes durchbricht. Es befinden sich hier die *Grabmäler der Medici* von Michelangelo, das Grab von *Giuliano*, dem Herzog von Nemours und das von *Lorenzo*, dem Herzog von Urbino. Das Grabmal des ersteren wird von den Statuen des *Tages* und der *Nacht* bewacht, während bei dem Grabmal des zweiten die *Abenddämmerung* und die *Morgenröte* Wache halten.

Auf dieser Seite: die drei Wappen von Florenz, Pisa und Siena, die Einlegearbeiten sind und die Wände der Fürstenkapelle schmücken. Auf der Seite gegenüber: einige Details aus Werken Michelangelos in der Neuen Sakristei; oben links: das Grabmal von Giuliano, Herzog von Nemours; rechts das Grabmal von Lorenzo, Herzog von Urbino; unten: die Madonna mit Kind zwischen den Heiligen Cosma und Damiano.

Auf den beiden folgenden Seiten befinden sich gegenüber: oben: die Nacht und der Tag und unten: die Morgenröte und die Abenddämmerung, Werke von Michelanglo, die sich auf den Grabmälern der beiden Medici-Herzöge befinden.

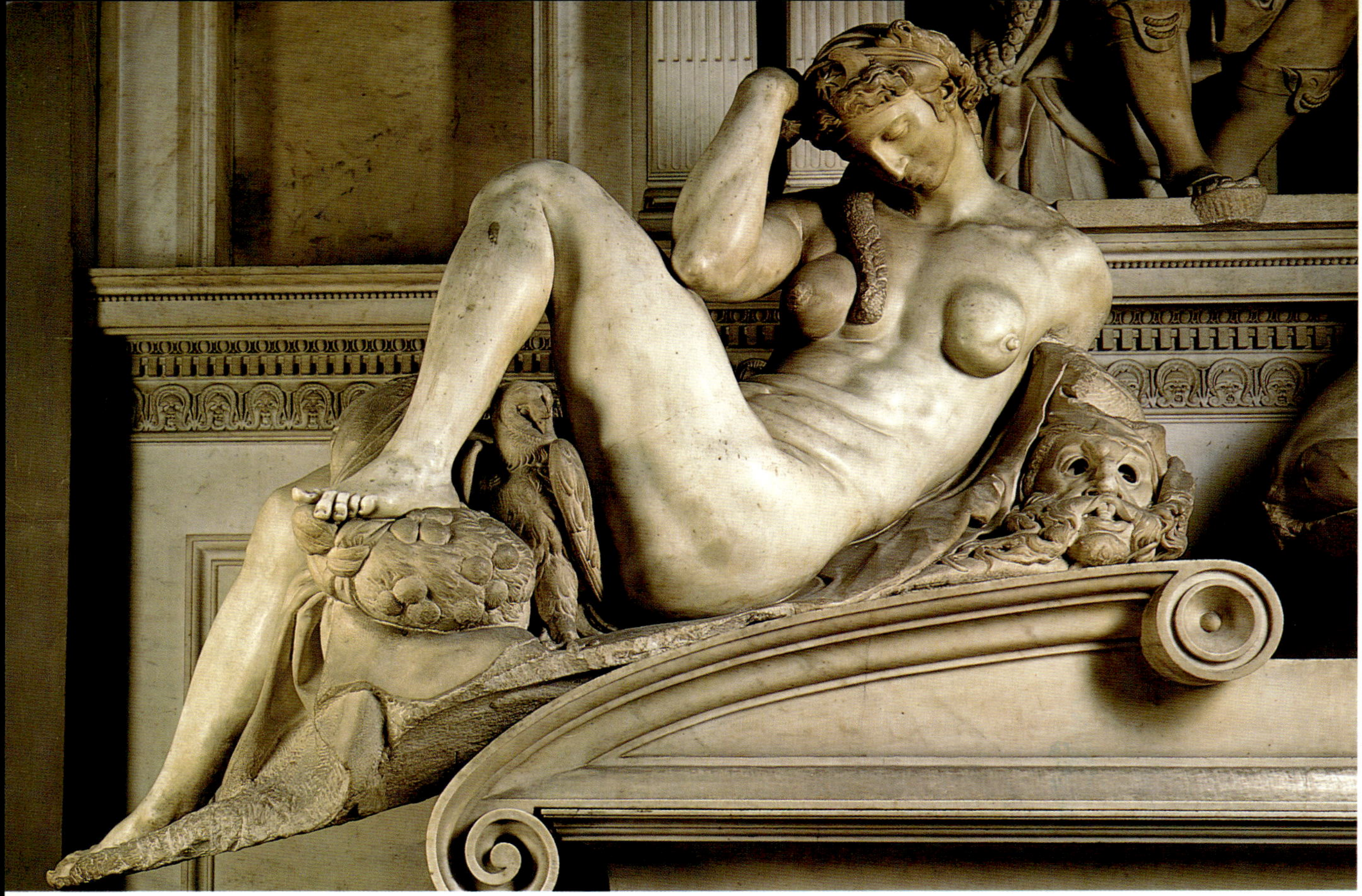

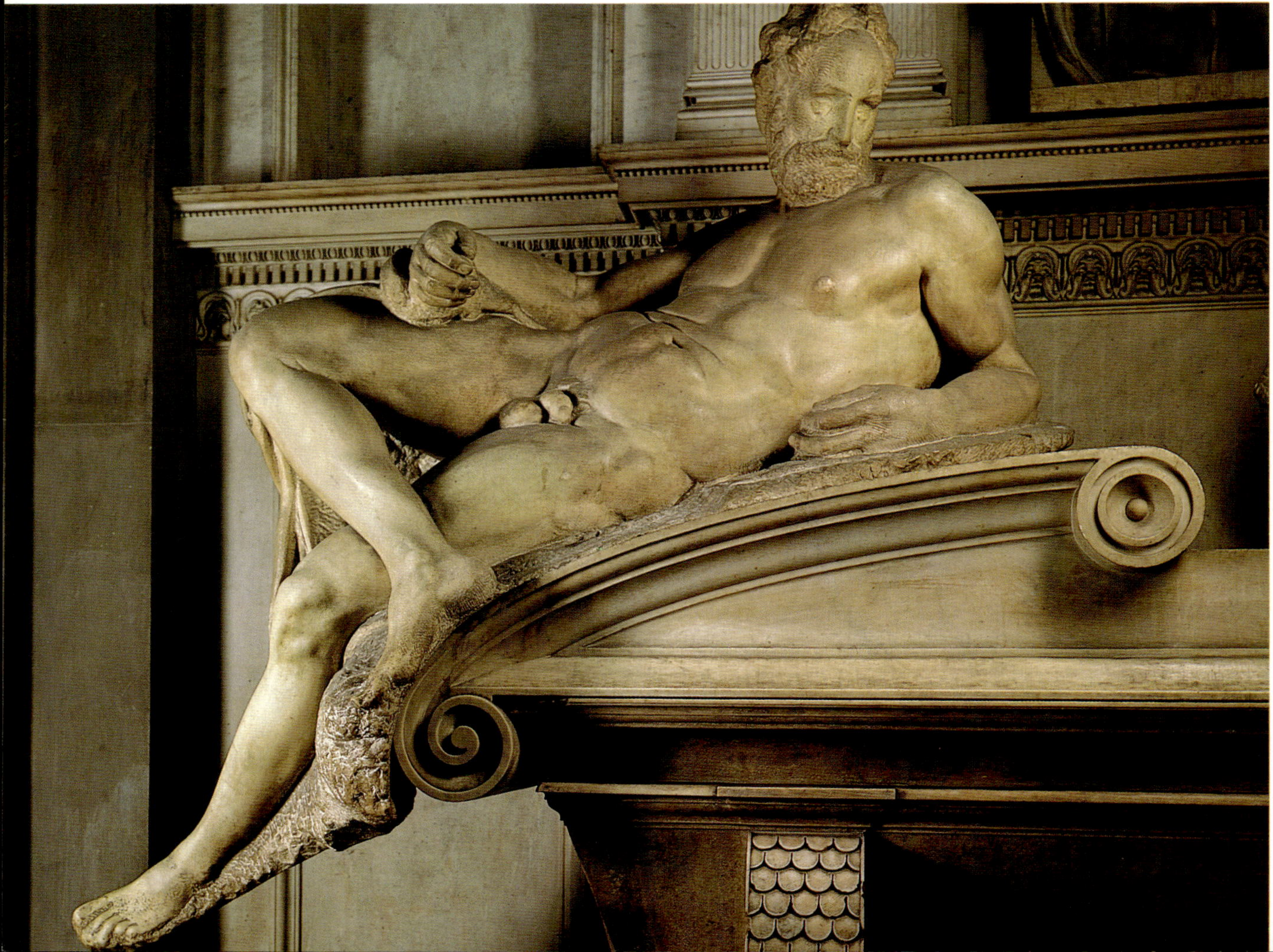

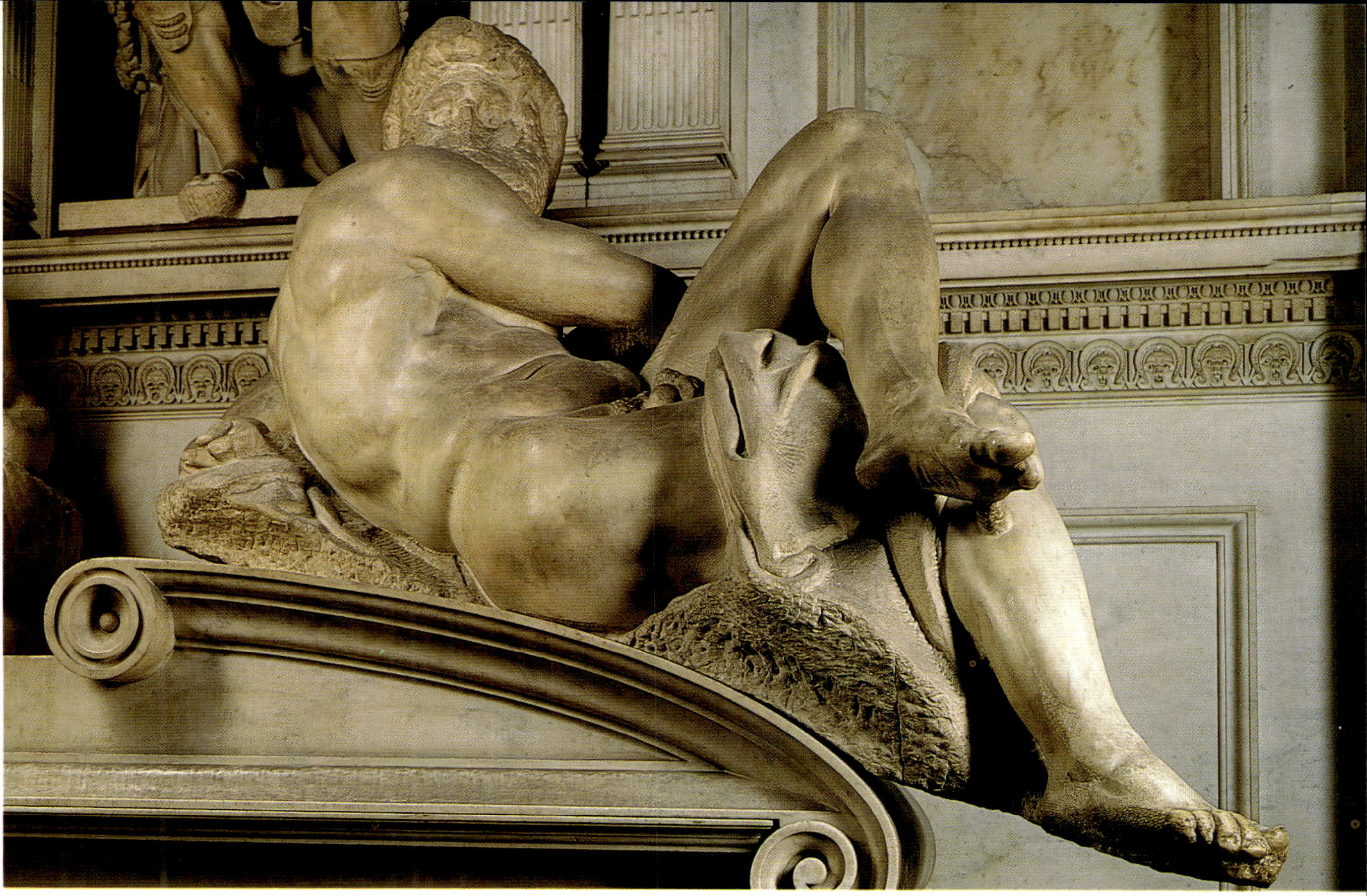

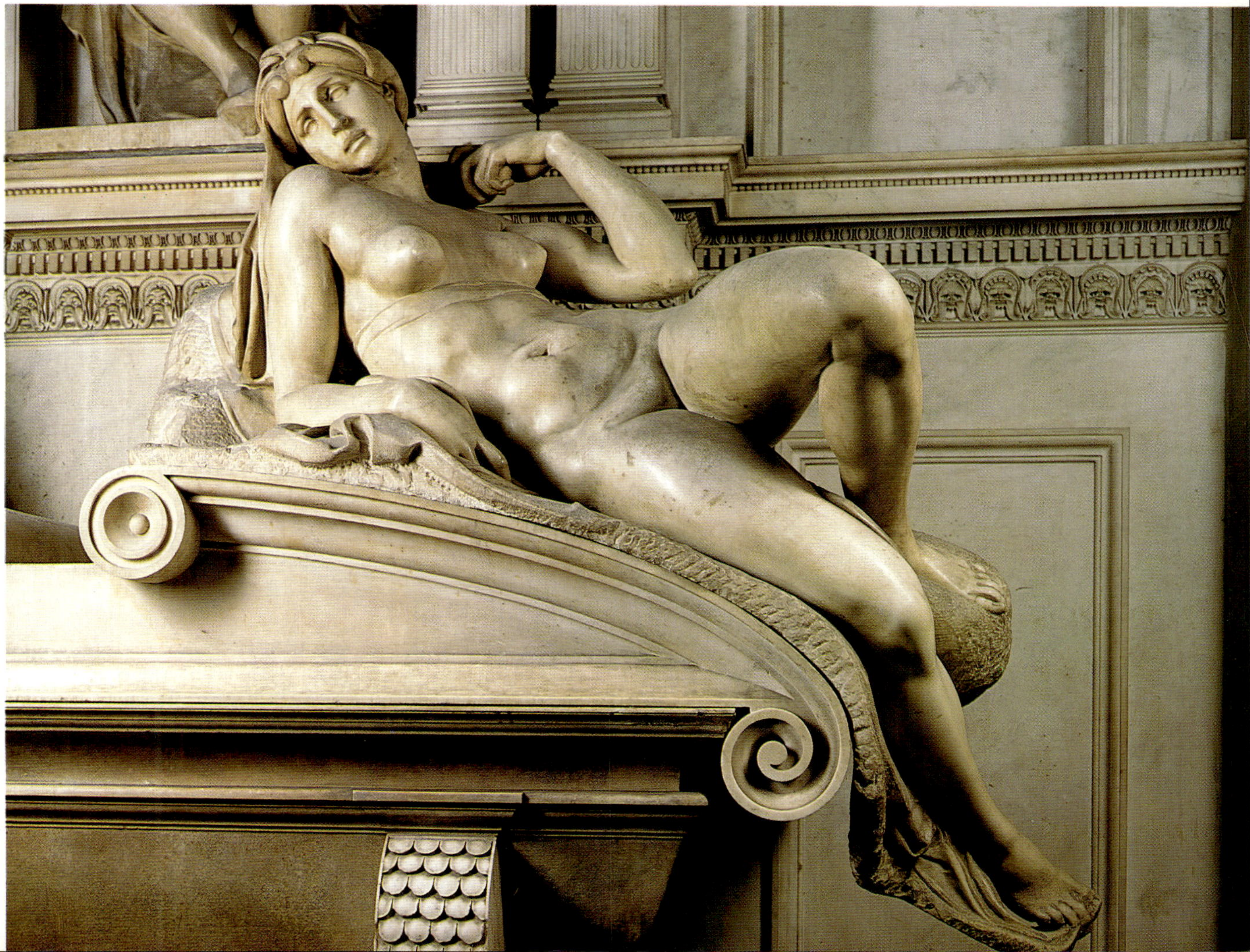

DER PALAZZO MEDICI-RICCARDI

Dies ist der Palast, den Cosimo der Ältere für sich und seine Familie errichten ließ. Er ist ein Werk des Michelozzo (1444-1464) und ein typischer herrschaftlicher Wohnsitz der Renaissance. 1517 wurden die offene Loggia im Erdgeschoß vermauert und die *Fenster* mit Tympanon hinzugefügt, die Michelangelo zugeschrieben werden. 1655 wurde der Palast von den Riccardi gekauft, die die Fassade und den inneren Baukörper erweiterten und damit das Aussehen des ursprünglichen Entwurfes veränderten. Die Fassade besteht im unteren Geschoß aus grober Bossenquaderung und geht nach oben hin in eine glattere Mauerverkleidung über (glattes Bossenwerk und glatte, gut miteinander verbundene Platten). Die Zwillingsfenster besitzen eine kleine Säule, die oben mit einem Medaillon geschmückt sind; oben verläuft ein klassizistisches Konsolgesims am Palast. Er war ehemals im Besitz von Lorenzo il Magnifico, ist heute Sitz der Präfektur und zeigt in der **Kappelle**, die ebenfalls ein Werk des Michelozzo ist, das berühmte Fresko von Benozzo Gozzoli *Der Gang der Könige nach Bethlehem*. Es wurde von 1459-60 gemalt und stellt die Persönlichkeiten dar, die bei dem Konzil von Florenz 1439 anwesend waren (man erkennt Giovanni VII., Lorenzo, Piero il Gottoso mit den Töchtern, Galeazzo Maria Sforza, Sigismondo Malatesta; ebenfalls sieht man Benozzo selbst und seinen Meister Beato Angelico). Sehenswert ist auch der **Hof** des Palastes; er weist einen Säulengang auf, der von einer Reihe Zwillingsfenster und einer Loggia überragt wird, die mit Sgraffitomalereien des 15. Jahrhunderts von Maso di Bartolomeo und *Medaillons* von Bertoldo geschmückt ist.

Gegenüber, oben links; der Palazzo Medici-Riccardi: rechts: der Saal des Luca Giordano; unten, auf dieser Seite: einige Details der Kapelle des Palastes mit Fresken von Benozzo Gozzoli, die die Drei Könige auf dem Weg nach Bethlehem darstellen.

Oben: das Findelhaus Ospedale degli Innocenti, dem die Reiterstatue von Ferdinando I. der Medici gegenüber steht. Unten links: einer der Brunnen des Tacca.

DER PLATZ DER SS. ANNUNZIATA

Wenn man aus der **Kirche der SS. Annunziata** heraustritt, befindet sich rechterhand der Komplex des **Ospedale degli Innocenti** (der Entwurf stammt von Brunelleschi, das Bauwerk wurde von F. Luna 1445 beendet). Die Fassade besteht aus einem wunderschönen Bogengang aus neun Bögen, die mit vielfarbigen Terrakotten geschmückt sind, die *Putten in Wickelkissen* darstellen (hier wurden Waisen aufgenommen), von Andrea della Robbia (1463). Im Innern befindet sich ein wunderschöner Hof, und im ersten Stockwerk gibt es eine **Sammlung abgelöster Fresken** und die **Galerie des Ospedale**. Links der Kirche und gegenüber dem Waisenhaus sieht man den **Bogengang der Confraternita dei Servi di Maria**, der eine Nachahmung des ersteren ist. Er ist ein Werk des Antonio da Sangallo dem Älteren und Baccio d'Agnolo (1516-25). In der Mitte des Platzes steht das *Reiterstandbild von Ferdinando I. de' Medici*. Es ist praktisch ein Zwillingsstandbild zu dem von Cosimo I. auf der Piazza della Signoria, und auch dieses stammt von Giambologna, wurde aber von Tacca vollendet (1608). Ebenfalls von Tacca sind die beiden *Brunnen* am Rand der Piazza, die genau symmetrisch zueinander angelegt wurden. Sie gehen auf das Jahr 1629 zurück und waren für den Hafen von Livorno bestimmt. Die Bronzebrunnen stellen Seeungeheuer und groteske Figuren im Stil des 17. Jahrhunderts dar.

Oben: die Fassade der Kirche SS. Annunziata; rechts: der Kreuzgang der Votivgaben im Innern des Bauwerkes.

SS. ANNUNZIATA

Diese Kirche entstand außerhalb des zweiten Mauerrings als Oratorium (1250) des Servitenordens. Michelozzo, Pagno Portinari und Antonio Manetti verliehen ihr zwischen 1444 und 1481 (mit Vorschlägen von L. B. Alberti) ihr heutiges Aussehen. Die Fassade weist einen Portikus auf korinthischen Säulen auf. Das Mittelportal führt in den kleinen Kreuzgang **Chiostrino dei Voti** (1447) mit Fresken von Rosso Fiorentino, Pontormo und Andrea del Sarto (1511-13). Der Innenraum der Kirche, der der Mitte des 17. Jahrhunderts umgebaut wurde, besteht aus einem einzigen großen Kirchenschiff, an dessen Flanken sich die Bögen der Kapellen öffnen. Besonders sehenswert ist die wunderbare *Kassettendecke* von Volterrano (1664). Links des Querhauses gelangt man in den Kreuzgang **Chiostro dei Morti** (1453) mit *Fresken* des Poccetti.

*Oben: ein Detail vom Kopf des David von Michelangelo; gegenüber:
die Skulptur des Michelangelo auf der Tribüne der Akademie.*

DIE GALERIE DER AKADEMIE

Die Galerie beherbergt eine äußerst bedeutende
Sammlung von Skulpturen Michelangelos: Im Raum des
Eingangs zur Tribuna, geschmückt mit Gobelins, sind
aufgestellt die *Pietà von Palestrina,* deren Zuschreibung zu
Michelangelo umstritten ist, der unvollendete *Hl.
Matthäus,* für den Florentiner Dom bestimmt und vier
« *Gefangene* » (das heißt Sklaven), bestimmt für das Grab
Giulios II. in Sankt Peter in Rom, das wie diese
Männerfiguren unvollendet blieb, die sich aus dem
Gefängnis des Marmors zu befreien suchen. In der
geräumigen **Tribuna** erhebt sich das Original der Statue
des *David* (1501-04), mit dessen Ausführung der große
Meister beauftragt wurde, um die Judith von Donatello auf

dem Rednerpodest am Palazzo dei Priori zu ersetzen.
In diesem Saal befindet sich die wichtige Sammlung von
Gemälden aus der toskanischen Schule des 13. und 14.
Jahrhunderts.
Rechts des Saals der Tribuna liegen drei kleinere *Säle,* in
denen man zahlreiche *Tabernakel,* die Bernardo Daddi
zugeschrieben werden und eine schöne *Pietà* von
Giovanni da Milano bewundern kann. Links öffnen sich
noch drei kleine *Räume,* die Werke berühmter Meister des
14. Jahrhunderts beinhalten; von diesen ragen ein schönes
Polyptychon von Andrea Orcagna und zwei Reihen von
Tafeln heraus, die *Szenen aus dem Leben Christi und
Szenen aus dem Leben des Hl. Franziskus* darstellen, ein
Werk von Taddeo Gaddi. Immer noch links des Saals der
Tribuna liegt ein anderer großer *Saal,* in dem sich

Gegenüber, oben: drei Sklaven von Michelangelo; unten, von links: ein Sklave, der Hl. Matthäus und die Pietà von Palestrina. Oben: der Saal der Galerie der Akademie mit dem Raub der Sabinerinnen von Giambologna; rechts: die Mariä Himmelfahrt und die Heiligen von Perugino.

Florentiner Werke des 15. Jahrhunderts befinden, darunter die *Verkündigung* von Lorenzo Monaco, der *Täufer mit Maria Magdalena* von Filippo Lippi, die *Madonna des Meeres*, deren Zuschreibung zwischen Botticelli und Filippino Lippi ungewiß ist und eine kostbare *Kommodenfront* der Hochzeit Adimari genannt, von einem unbekannten Florentiner Künstler des 15. Jahrhunderts.

Links: ein Gemälde des 14. Jahrhunderts mit der Madonna mit dem Kind; rechts; die Madonna des Meeres von Botticelli; unten: die Stirnseite der Hochzeitstruhe Adimari.

Gegenüber, oben: der Kreuzgang S. Marco; unten: der Saal des Hospizes mit Werken von Beato Angelico.

KLOSTER UND KIRCHE S. MARCO

Die Urkunden über das **Kloster** gehen bis auf das 12. Jahrhundert zurück; 1437 beauftragte Cosimo der Ältere Michelozzo mit seinem Wiederaufbau, und S. Marco war daher das erste Florentiner Klostergebäude, das elegante, klare Renaissanceformen annahm. Im Erdgeschoß umrahmen leichte Arkaden den Raum; im ersten Stockwerk befinden sich kostbare *Lünetten* mit Fresken von Poccetti, Rosselli und anderen berühmten Künstlern. Der Haupteingang des Klosters ist rechts der **Kirche S. Marco**. Auch diese wurde 1437 von Michelozzo restauriert; sie wurde erst von Giambologna (1580) und später von Silvani (1678) umgebaut; die schlichte Fassade wurde zwischen 1777 und 1780 von Gioacchino Pronti neugestaltet. Der Innenraum ist linear und weist eine wertvolle geschnitzte und vergoldete Holzdecke auf. Interessant sind auch die Sakristei (die den Sarkophag mit der Bronzestatue des *Hl. Antonius* enthält, 1608) und die nahe **Cappella**

di S. Antonino, die von Giambologna, Francavilla und Alessandro Allori dekoriert wurde; die *Fresken* der Kuppel stammen von Poccetti. Das größte Interesse in diesem großen religiösen Gebäudekomplex dürfte aber wohl dem Kloster gelten. Wie schon bekannt ist, lebte und wirkte hier ein außergewöhnlicher Künstler: Beato Angelico. Sein Werk ist der größte Teil der Fresken des **Kreuzganges** (wunderschön sind das *Kruzifix des Hl. Dominikus* am Eingang und die Lünette über der Tür mit dem *Hl. Petrus Märtyr*). Von demselben Künstler stammen ein Hl. Dominikus in der Lünette des **Kapitelsaales** und im Innenraum eine wunderschöne *Kreuzigung*; an der Tür des **Refektoriums** befindet sich eine Pietà; an der Tür des **Hospizes** *Jesus im Gewand eines Pilgers* und im Innenraum die *Madonna der Wollzunft,* das Jüngste Gericht, *die* Szenen aus dem Leben Jesu, die *Kreuzabnahme.* Durchquert man das **Refektorium,** mit einem Fresko von G. A. Sogliani (1536), gelangt man über eine Treppe in das obere Stockwerk, wo sich die *Verkündigung* des Beato Angelico befindet. Vom Korridor aus geht es in die großartige **Bibliothek** des Michelozzo und am Ende des Korridors in die **Zelle Cosimos**, wo sich in der Vorzelle ein *Kruzifix* des Angelico befindet und in der Zelle selbst die *Anbetung der Könige.* Im Korridor links sieht man die *Madonna auf dem Thron zwischen Heiligen* und in den Zellen weitere kostbare Werke des Angelico: die *Verkündigung, die Transfiguration, Jesus im Prätorium, die Marien am Grab die Krönung, die Darstellung im Tempel.* Am Ende des Korridors gelangt man in die **Zelle des Savonarola** (das *Bildnis* des Märtyrers stammt von Fra' Bartolomeo).

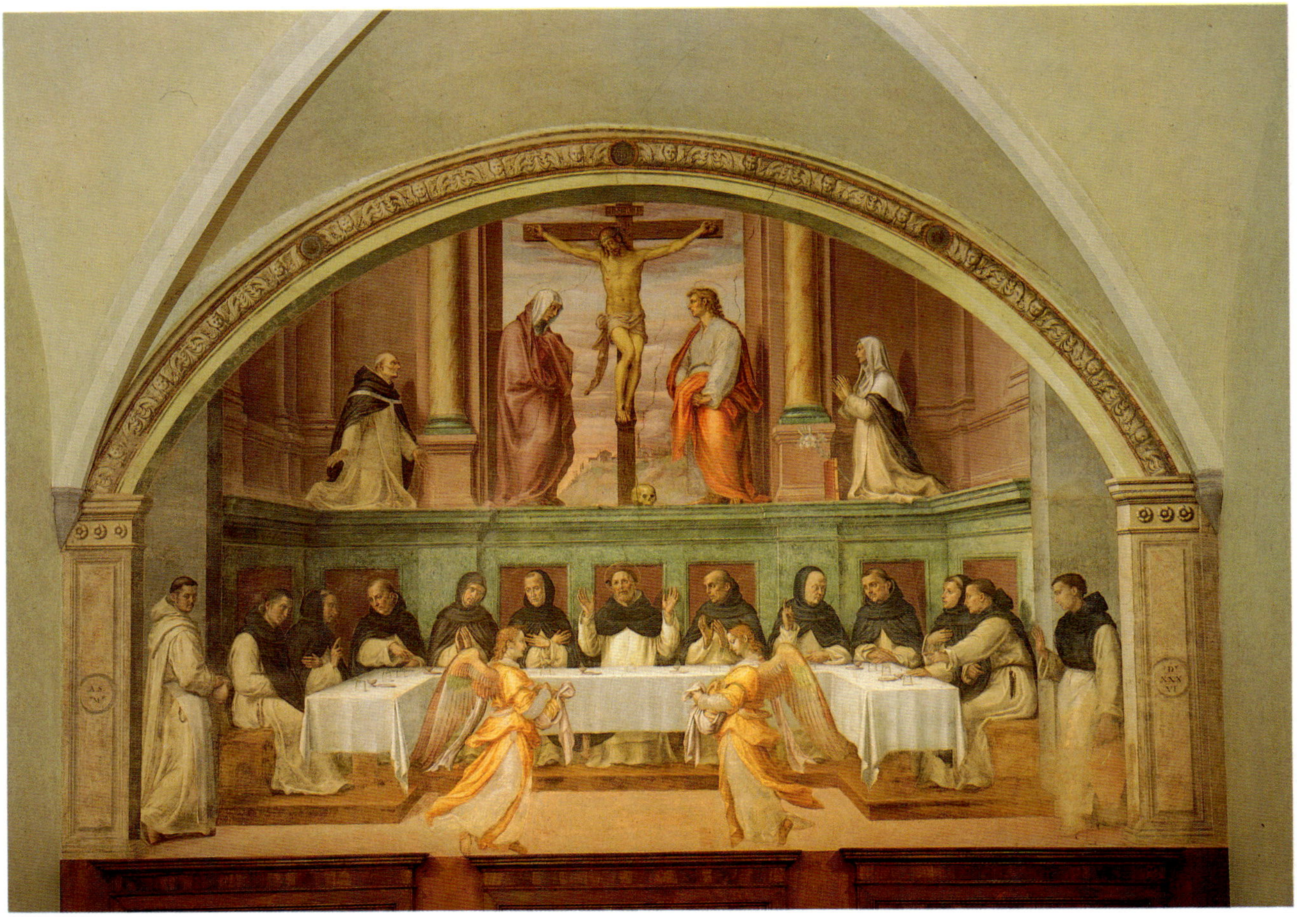

Gegenüber: das Refektorium von S. Marco mit dem Fresko der
Kreuzigung und der Jüngste Vorsehung von Sogliani;
oben: die Kreuzabnahme von Beato Angelico;
unten: das Jüngste Gericht, ebenfalls von Angelico.

DAS ARCHÄOLOGISCHE MUSEUM

Dies ist eins der größten Museen Italiens und verfügt über eine reiche Sammlung von ägyptischer, etruskischer, griechischer und römischer Kunst. Es hat im **Palazzo della Crocetta** aus dem 17. Jahrhundert seinen Sitz. Der eigentliche Kern des Museums geht auf die Privatsammlungen der Medici und der Großherzöge zurück; 1824 wurde die ägyptische Abteilung eingerichtet. In dieser Abteilung sind die Skulptur der *Göttin Hathor, die den Pharao stillt,* das mehrfarbige Relief der *Göttin Hathor mit dem Pharao Sethos I.* und das Basrelief der *Göttin der Wahrheit Maat* zu sehen. Im griechisch-römischen Antiquarium zieht in den Sammlungen von Vasen und Terrakotten die berühmte *François-Vase* die Aufmerksamkeit auf sich, ein griechisches Werk des 6. Jahrhunderts vor Christus, das in einem etruskischen Grab gefunden wurde. Der Krater, wahrscheinlich ein Hochzeitsgeschenk, wurde von Kleitias bemalt und stammt aus der Athener Werkstatt des Ergotimos. Das Gefäß ist unter dem Namen seines Entdeckers, Alessandro François, bekannt, der es 1845 in Fonte Rotella (Chiusi) fand. Das Gefäß mit schwarzen Figuren ist mit heroisch-mythologischen Szenen dekoriert. In der griechisch-römischen Abteilung ist eine kleine Götzenstatue, der bekannte *Idolino* sehenswert (attisch-peleponnesische Schule des 5. Jahrhunderts vor Christus). Bedeutend ist auch die etruskische Kunstsammlung, die Material aus den Nachforschungen von über drei Jahrhunderten vereint. Zahlreich sind hier die Sarkophage, die Aschenurnen,

Bronzen, Waffen und Gegenstände des täglichen Gebrauchs. Von den Skulpturen sind besonders der *Arringatore* sehenswert, der den Redner Aulo Metello darstellt und am Trasimenischen See wiedergefunden wurde (ein Werk der Grabkunst aus dem 3. Jh.) und die *von Bellerophon verletzte Chimäre*, die 1555 in Arezzo gefunden wurde. Es ist eine Bronze aus dem 5. Jh. v.Ch., die einen Löwenkörper hat und einen Widderkopf auf dem Rücken trägt (der Schwanz in Schlangenform ist nicht original).

Auf der Seite gegenüber, oben: die Chimäre von Arezzo; unten: eine etruskische goldene Nadel aus Vetulonia. Auf dieser Seite, oben: die François-Vase aus Chiusi; unten: ein goldenes Armband aus Vetulonia.

Auf dieser Seite oben links: Der Palazzo Davanzati mit der typischen Loggia; rechts: der Palast der Wollkunst; unten links: der Palazzo Pandolfini auf der Via Sangallo und rechts: Palazzo Cocchi auf der Piazza Santa Croce. Gegenüber oben: der Palazzo die Parte Guelfa und der Palazzo Antinori; unten: der Palazzo Rucellai.

DER SYNAGOGE

Die israelitische Kirche in orientalisch-byzantinischem Stil ist ein Werk der Architekten Falcini, Treves, Micheli und Cioni (1874). Die mit einer großen, mit Kupfer überzogenen Kuppel bedeckte Synagoge wurde im Oktober 1882 eingeweiht. Sie ist sowohl ihrer raffinierten Fresken und Mosaike wegen, die sie innen und außen schmücken als auch aufgrund ihrer historischen und kulturellen Bedeutung (sie ist das Symbol für die Befreiung aus dem Ghetto) interessant.

DER PIAZZALE MICHELANGELO

Man gelangt auf den Platz über den **Viale dei Colli**, der sich zirka sechs Kilometer lang am südlichen Hügel der Stadt entlangwindet. Er wurde, wie auch der Piazzale 1868 von dem Architekten Giuseppe Poggi konzipiert. Dieser terrasenförmige Platz oberhalb von Florenz wurde mit einigen Statuen ausgestattet, die Bronzekopien einiger Werke Michelangelos sind: *David* und die vier allegorischen *Statuen*, die die Medici-Grabmäler der Neuen Sakristei von S. Lorenzo schmücken.

DIE FESTUNG BELVEDERE

Sie entstand auf Betreiben von Ferdinando I. de' Medici auf einem Hügel oberhalb der Stadt in einer militärisch-strategisch günstigen Lage; Bauherr war Bernando Buontalenti (1590-95). Die Festung wurde vor nicht allzu langer Zeit restauriert und beherbergt zur Zeit

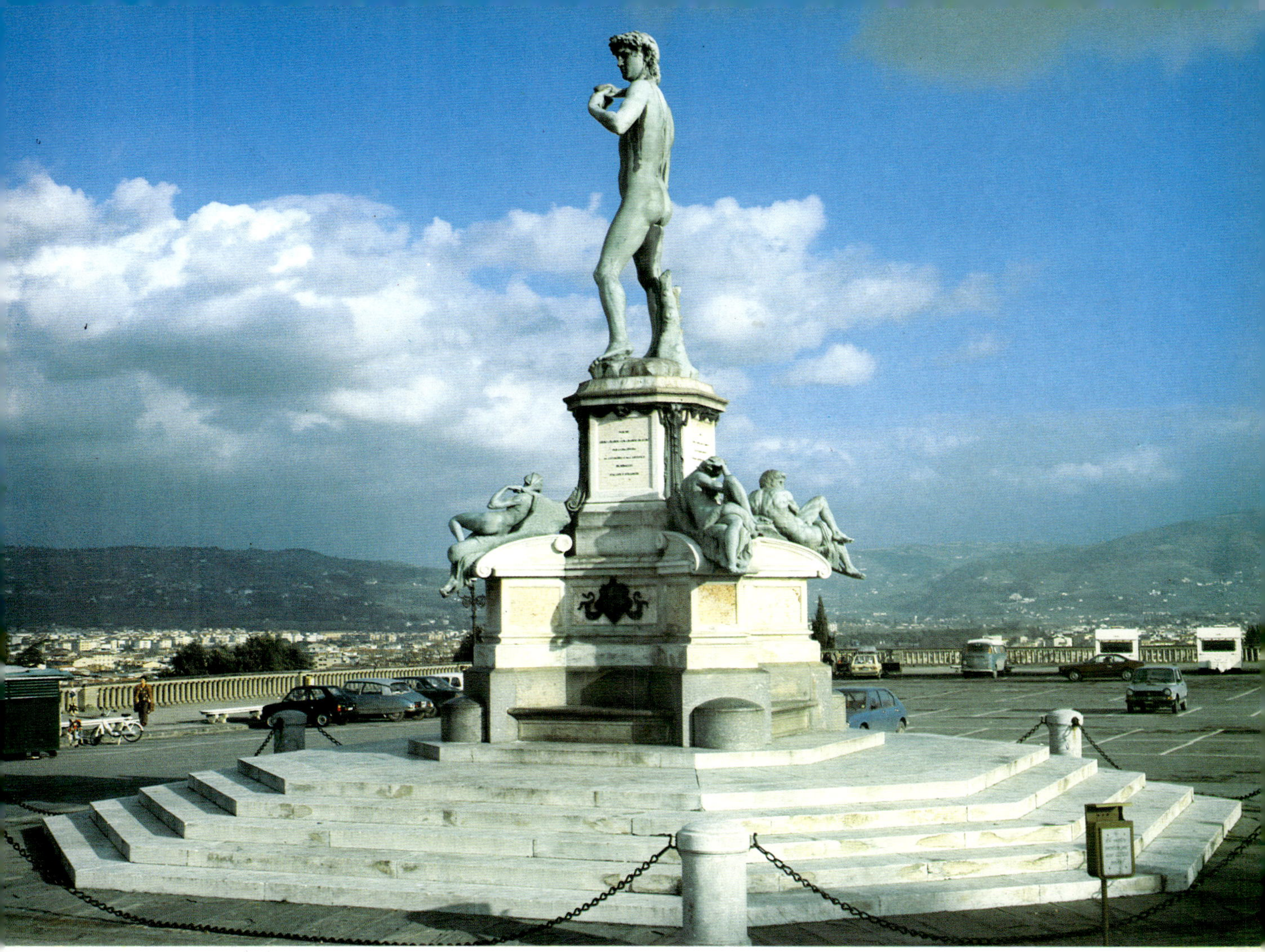

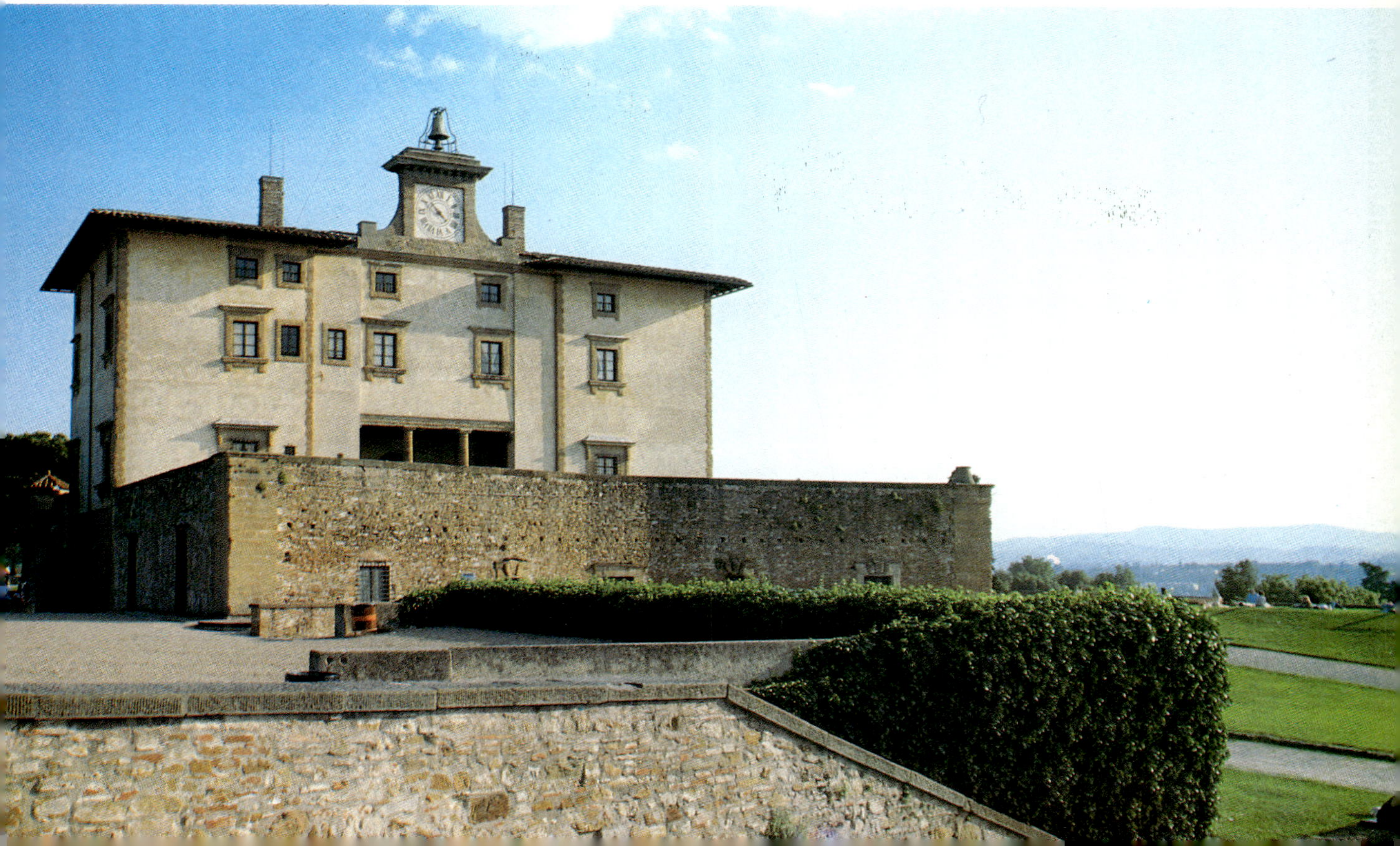

Oben: Panorama von Florenz vom Piazzale Michelangelo; links: der Hügel mit dem Forte Belvedere. Zwei Ansichten mit den bedeutendsten Baudenkmälern der Stadt.

Ausstellungen von internationalem Ruf. Von hier hat man einen ganz besonders eindrucksvollen Blick über die Stadt.

Oben: die Fassade der Kirche S. Miniato al Monte; links: die
Kruzifix-Kapelle des Michelozzo und gegenüber:
der Innenraum der Kirche.

S. MINIATO AL MONTE

Diese Kirche entstand etwa im 4. Jahrhundert und
verdankt ihre heutige Struktur dem Bischof Hildebrand
(1014). Der untere Teil der Fassade ist durch kostbare
Arkaden geschmückt; der obere Teil weist ein schönes
Mosaik aus dem 12. Jahrhundert mit *Christus zwischen der
Madonna und dem HL. Minias* auf. Die Kirche mit ihrem
Kampanile aus dem 16. Jahrhundert, der unvollendet blieb
und während der Belagerung von Florenz 1530 beschädigt
wurde, der **Bischofspalast**, die **Befestigungsanlagen** und
der **monumentale Friedhof** befinden sich auf dem Gipfel
des Hügels, der Hügel der Kreuze genannt wird und über
dem unter ihm liegenden Piazzale Michelangelo die ganze
Stadt überragt.

S. MINIATO

INNENRAUM

Der Innenraum dieser wunderbaren, im Stil der
florentinischen Romanik errichteten Kirche (sie hatte
ursprünglich den benediktinischen Nonnen gehört und war
dann 1373 in den Besitz der Olivetaner-Mönche
übergegangen) ist dreischiffig und besitzt eine Holzdecke.
Sehenswert ist der mit Marmorintarsien geschmückte
Fußboden des Mittelschiffs, der mit *Sternzeichen* und
Symbolen aus dem Tierkreis geschmückt ist. An den
Wänden befinden sich Überreste von *Fresken* aus dem 13.
und 14. Jahrhundert. Bedeutend ist die große **Krypta**, die
von einem kostbar gearbeiteten schmiedeeisernen *Gitter*

Oben: das Mosaik mit Christus auf dem Thron im Weihwasserbecken der Apsis von S. Miniato; unten: die Krypta; gegenüber: zwei Bilder der Fresken von Spinello Aretino in der Sakristei.

(1338) verschlossen ist. Der *Altar* (11. Jahrhundert) enthält die Gebeine des HL. Minias; an den Gewölben befinden sich Überreste von *Fresken* von Taddeo Gaddi (1341). Wunderschön ist das erhöhte **Presbyterium** mit seiner schönen Kanzel (1207) und einem mit Holzintarsien geschmückten *Chorgestühl*. In der Rundung der Apsis befindet sich ein großes Mosaik, das den *segnenden Christus zwischen der Madonna und den Heiligen* darstellt (1297). Rechts des Presbyteriums gelangt man in die **Sakristei**, die ganz mit Fresken von Spinello Aretino (1388) ausgemalt ist; sie stellen die sechzehn *Episoden aus der Legende des Heiligen Benedikt* dar. Im Presbyterium gelangt man links über eine Treppe in die **Cappella di S. Jacopo**, oder « Cappella del Cardinale del Portogallo », die von Antonio Manetti entworfen wurde und mit fünf wunderschönen Rundbildern geschmückt ist.

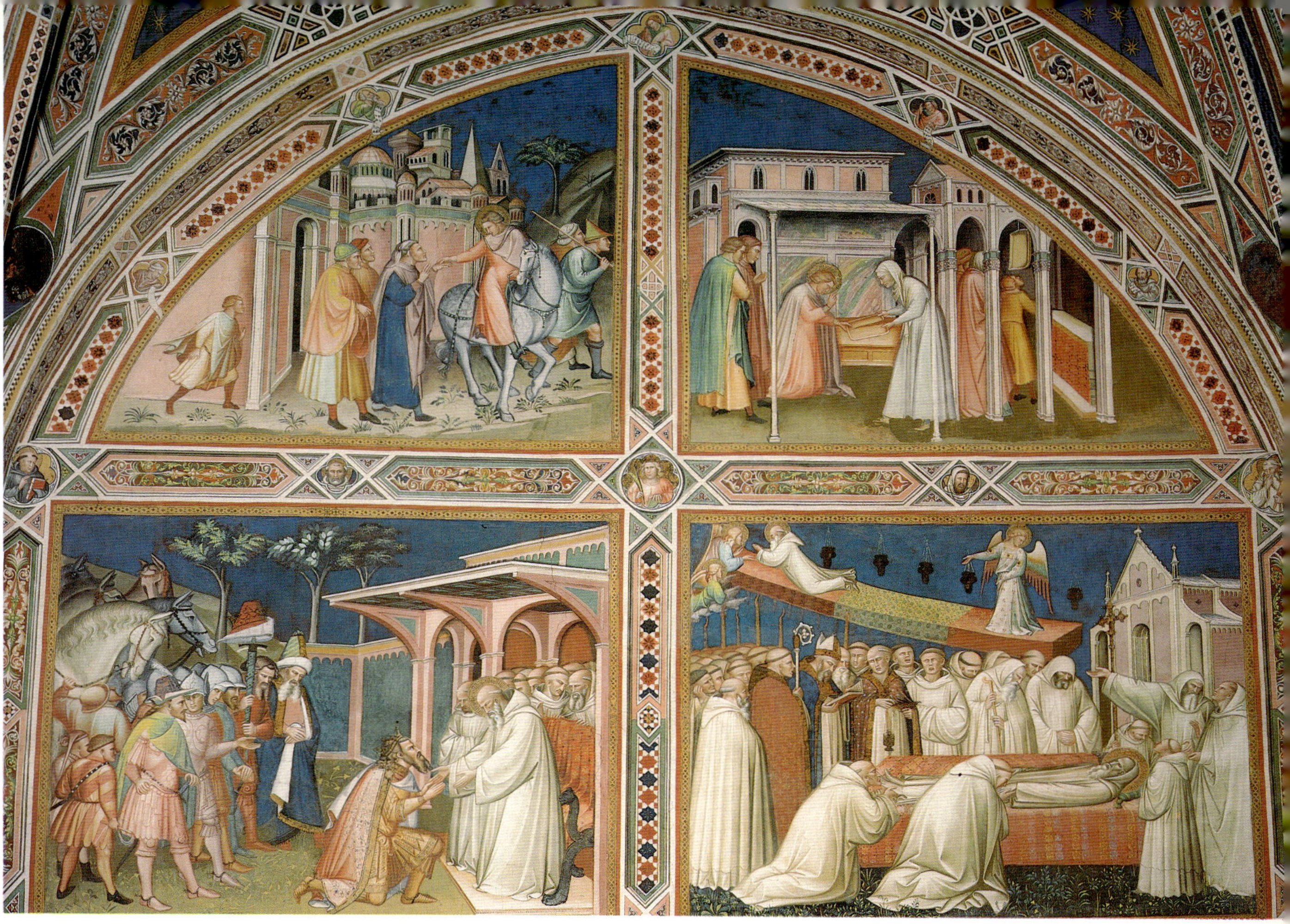

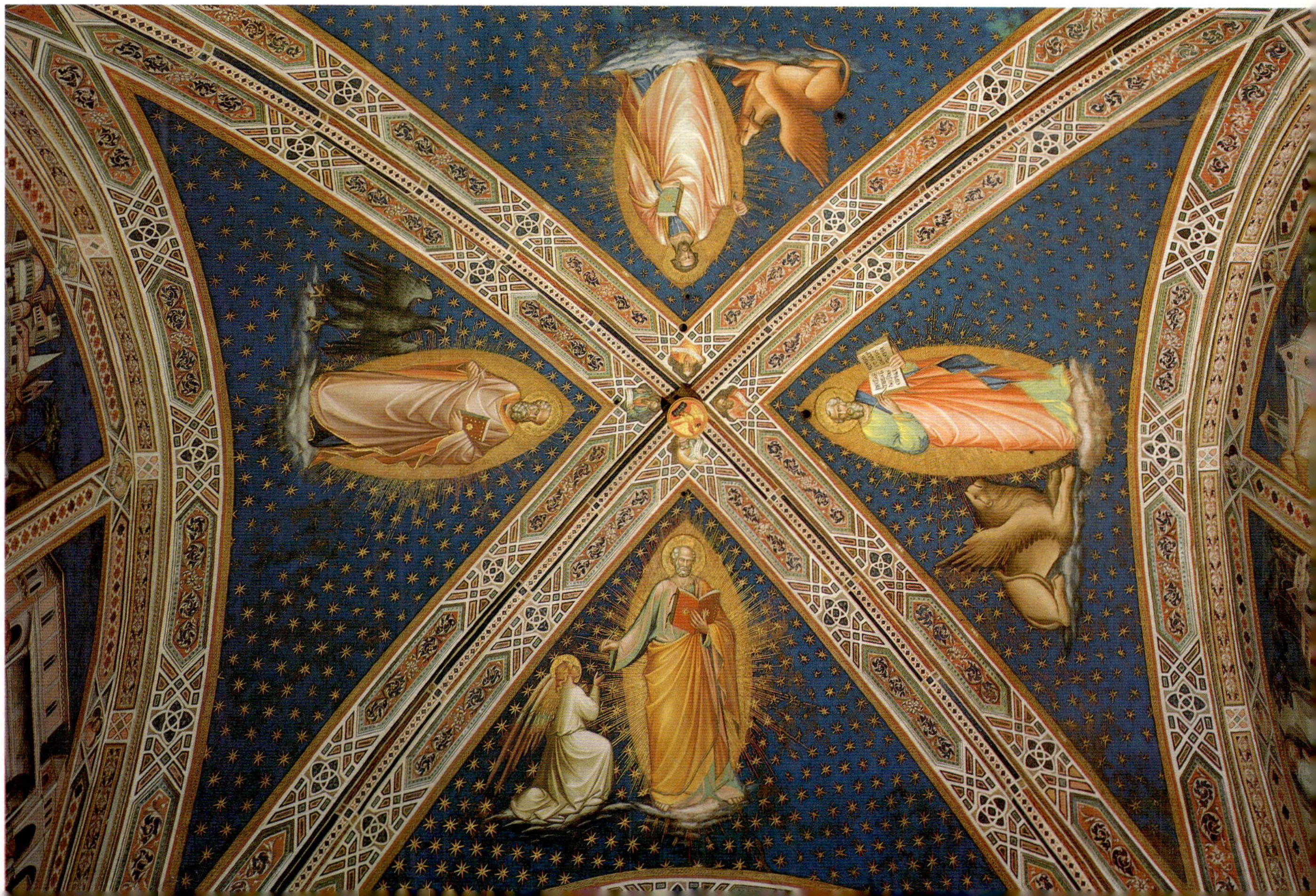

DER PALAZZO PITTI

Der großartigste Florentiner Palast geht auf das Jahr 1487 zurück und entstand wahrscheinlich nach einem Entwurf des Brunelleschi. Ammannati erweiterte den Palast im 16. Jahrhundert. Die Fassade (205 m Breite und 36 m Höhe) ist mit einer gewaltigen Bossenquaderung aus enormen Rustika-Quadern verkleidet. Die einzigen Dekorationselemente sind die gekrönten Löwenköpfe zwischen den Konsolen der Fenster im Erdgeschoß. Aus der Zeit der Lorena stammen die beiden vorgelagerten Flügel des Gebäudes. Durch das große Bogenportal gelangt man durch ein Atrium in den **Hof** des Ammannati, der dem Hügel von Boboli gegenüber liegt; der Boboli-Garten schließt das Gebäude nach hinten hin ab. Im ersten Geschoß befinden sich die **Quartieri Reali** und die **Galleria Palatina**; im zweiten Geschoß hat die **Galleria d'Arte Moderna** ihren Sitz. Der Palast beherbergt auch das **Museo degli Argenti** (Silberwarenmuseum) und das **Museo delle Carrozze** (Kutschenmuseum).

DIE BOBOLI-GÄRTEN

Dies ist der größte Park von Florenz. Er ist vier Jahrhunderte alt: Der Entwurf stammt von Niccolò Pericoli, der Tribolo genannt wurde, im Auftrag von Cosimo I. (1549). Ammannati führte das Werk fort, danach Buontalenti und Parigi der Jüngere. Einen Besuch wert sind: die **Grotte des Buontalenti** (1583), das **Amphitheater**

Auf dieser Seite: der Pitti-Palast mit dem davorliegenden Platz. Gegenüber, oben: der Brunnen des kleinen Bacchus und der Neptunsbrunnen im Boboli-Garten; unten: die Rückseite des Pitti-Palastes.

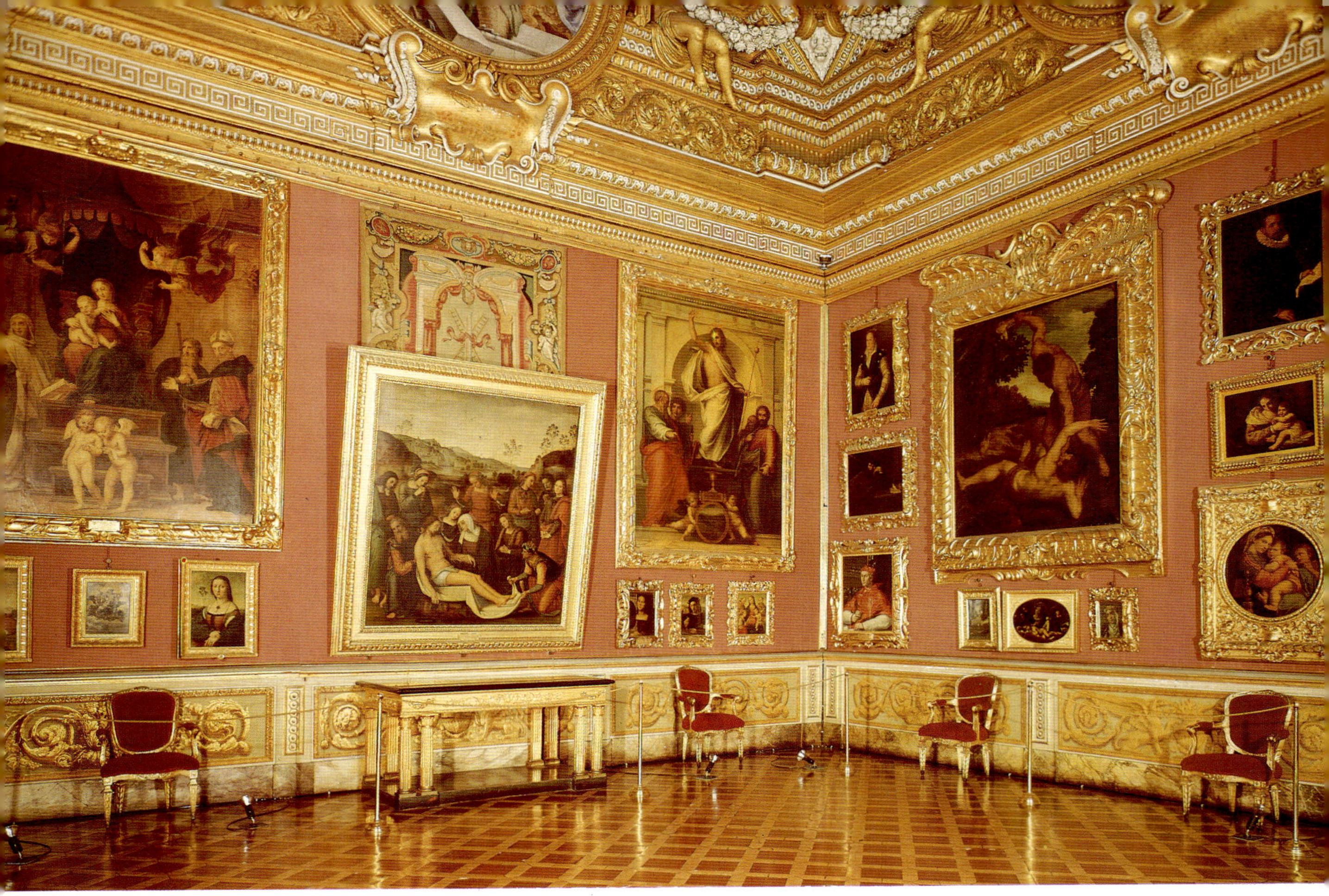

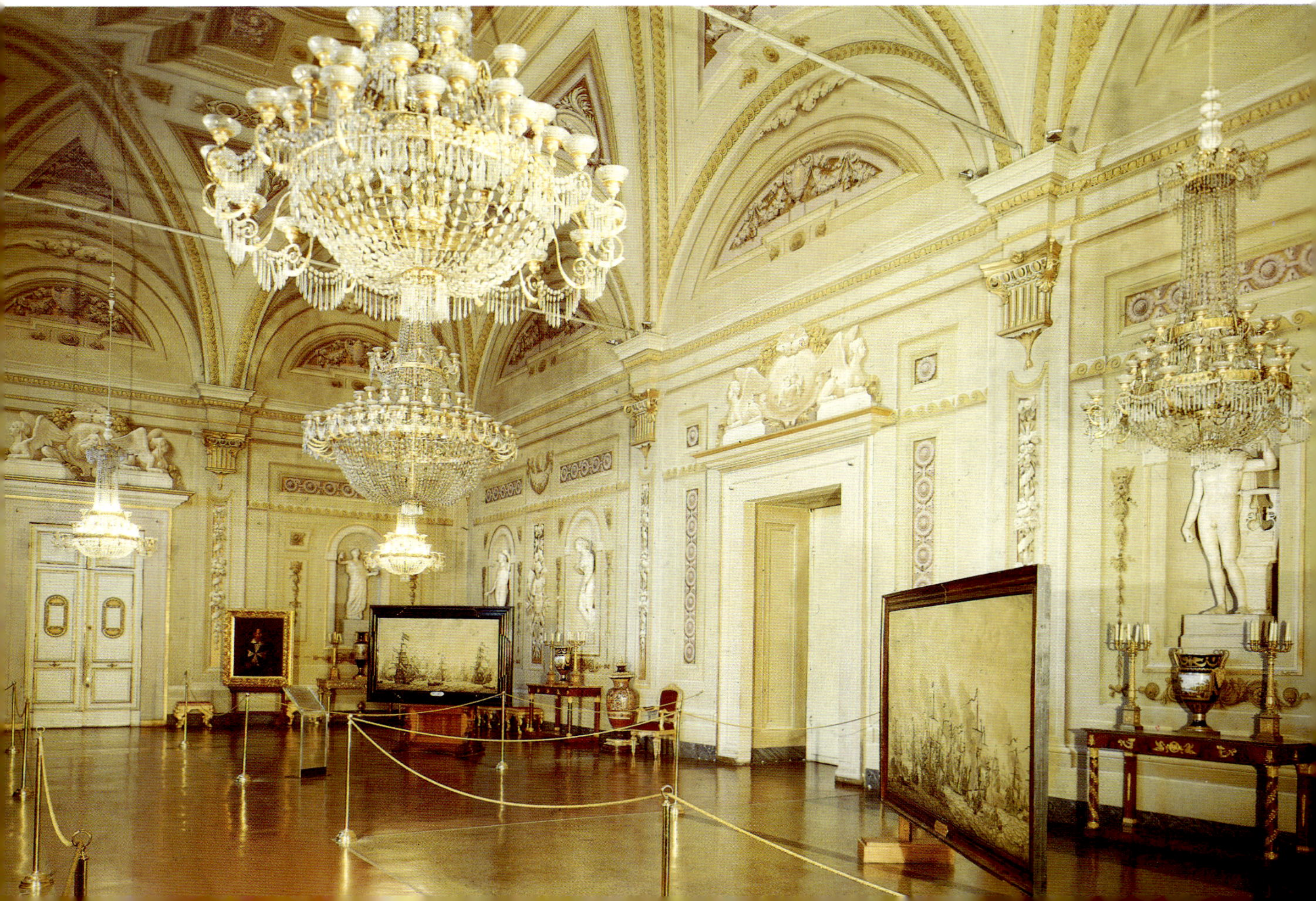

DIE GALERIE PALATINA

Die Galerie Palatina ist nach den Uffizien das zweitgrößte und zweitwichtigste Museum der Stadt, in dem Werke von unermeßlichem künstlerischen Wert zu sehen sind. Es wurde auf Betreiben Ferdinandos II. de' Medici gebaut und von Pietro da Cortona ausgeschmückt. Die Sammlung, die sich heute in Form einer Gemäldegalerie des 17. Jahrhunderts präsentiert, das heißt, ihre Wände sind vollständig mit Kunstwerken bedeckt, die nach Kriterien des Geschmacks angeordnet wurden, diese Sammlung also wurde im Laufe der Zeit von Kardinal Leopoldo de' Medici und später von den letzten Medici und Lothringern erweitert. Die Galerie besteht aus zahlreichen Sälen, die nach Göttern und mythologischen Figuren benannt wurden, die wir in den Verzierungen wiederfinden.

Gegenüber, oben: der Saal des Saturn und unten: der Nischensaal im Palazzo Pitti; hier oben: die Madonna della Seggiola von Raffael in der Galleria Palatina.

mit der **römischen Wanne** und dem **ägyptischen Obelisk** in der Mitte; der **Weiher des Neptun** mit der Bronzestatue des Meeresgottes; die Statue der Fruchtbarkeit von Giambologna und Tacco (1563); das **großherzogliche Kasino**; der **Garten der Kavaliere**; der **Ozean-Brunnen** von Parigi (1618) mit den Statuen der Flüsse *Nil, Ganges* und *Euphrat*.

Oben links: die Madonna des Großherzogs von Raffael; rechts:
die Madonna und vier Heilige von Andrea del Sarto; links: die
Madonna dell'Impannata von Raffael.

Die Dame mit Schleier von Raffael.

Auf der Seite gegenüber: oben links die Schwangere und rechts das Portrait der Maddalena Doni von Raffael; unten die Madonna mit dem Kind von Filippo Lippi.

Rechts: die vier Philosophen und unten: die Folgen des Krieges von Rubens.

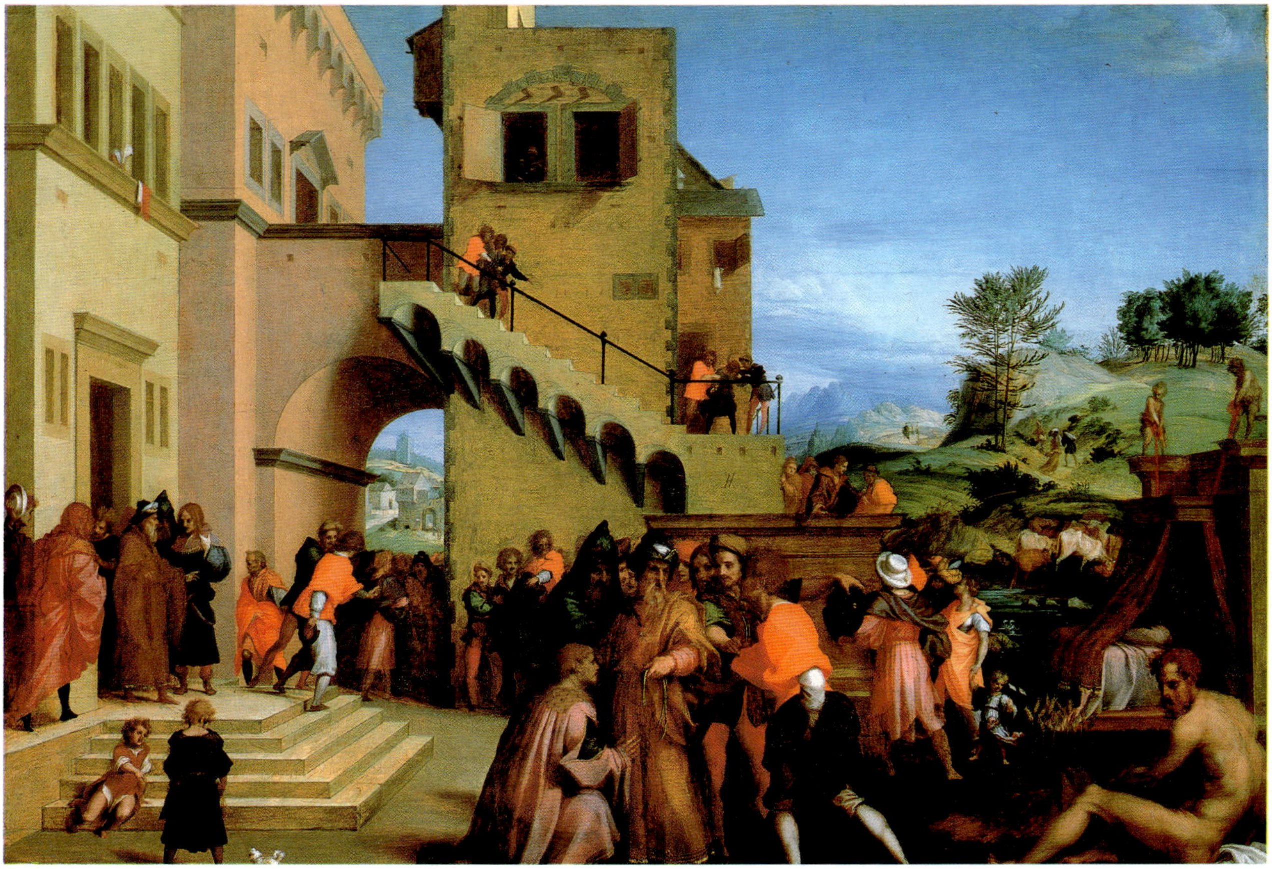

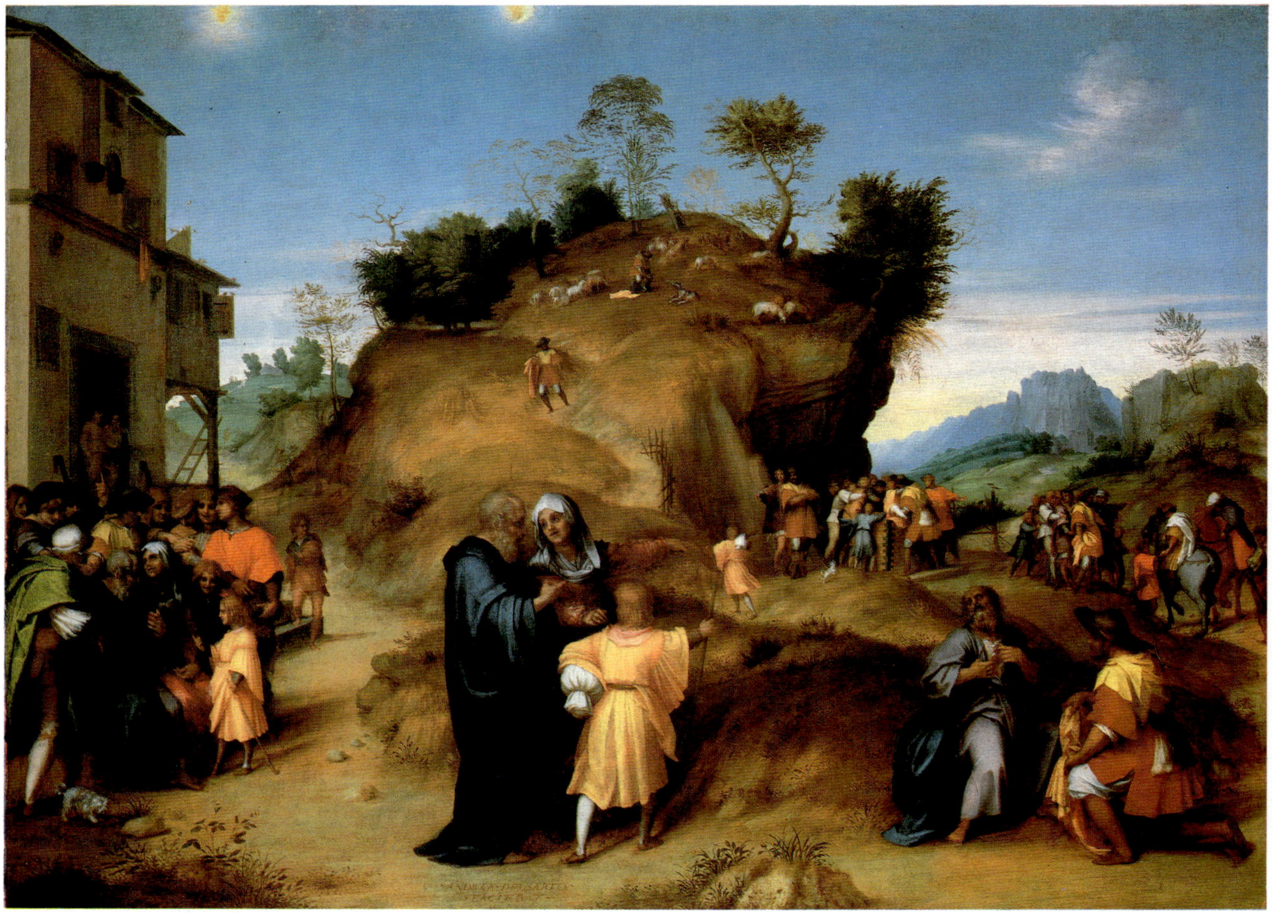

Oben links: die Vision des Hesekiel von Raffael; rechts: die Mariä Himmelfahrt und Heilige von Andrea del Sarto; links: die Heilige Familie von Andrea del Sarto. Auf der Seite gegenüber: zwei Gemälde mit Szenen aus dem Leben des Juden Joseph von Andrea del Sarto.

ABENDMAHL DES GHIRLANDAIO

In der **Chiesa d'Ognissanti** (sie entstand 1256, wurde im 17. Jahrhundert jedoch weitgehend umgebaut) sieht man, wenn man den **Kreuzgang** des Michelozzo hinter sich gelassen hat und in das **Refektorium** gelangt, eins der Meisterwerke von Domenico Ghirlandaio. Es handelt sich um das *Abendmahl* (1480), das einiger Neuigkeiten in der künstlerischen Gestaltung wegen — die Haltung der Apostel und vor allem die zarte, heitere Landschaft hinter ihnen — wohl Leonardo da Vinci beeinflußt haben mag, der das Werk zwei Jahre bevor er Florenz verließ sah.

S. FREDIANO IN CESTELLO

Die Chiesa di S. Frediano in Cestello ist, obwohl ihre Fassade unvollendet blieb, eins der seltenen Beispiele des Barocks in Florenz. Die Kirche ist ein Werk des Antonio Maria Ferri (nach einem Entwurf des Römers Cerutti), 1680-89, von ihm stammt auch die Kuppel mit Tambour (1698). Das *Kuppelfresko* schuf Gabbiani (1701-1718). Der Name Cestello (Körbchen) stammt wahrscheinlich von dem nahen Getreidespeicher Cosimos III., auf dem östlichen Teil des Platzes.

S. SPIRITO

S. Spirito war von Brunelleschi als eine Zwillingskirche von S. Lorenzo erdacht worden. Die Fassade wurde jedoch niemals vollendet. Auch die Kuppel ist ein Werk des Brunelleschi, während der **Campanile** von Baccio d'Agnolo (1503) stammt. Der Innenraum ist eins der kostbarsten Beispiele der Renaissance-Architektur.

Links: die Kirche Ognissanti; unten: das Abendmahl des Ghirlandaio im Refektorium, das an die Kirche angeschlossen ist. Gegenüber, oben: die Kirche S. Frediano in Cestello und unten: die Kirche S. Spirito.

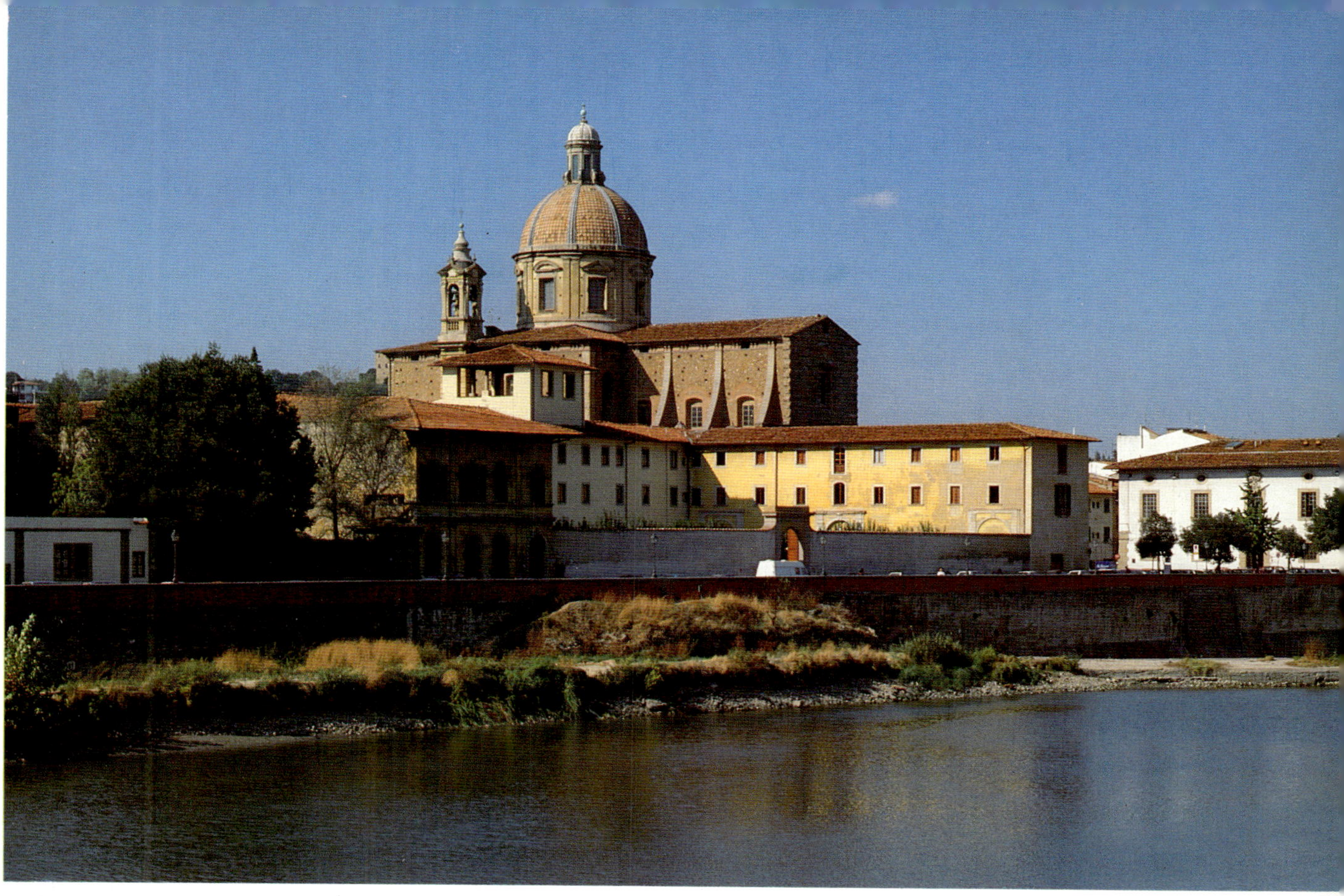

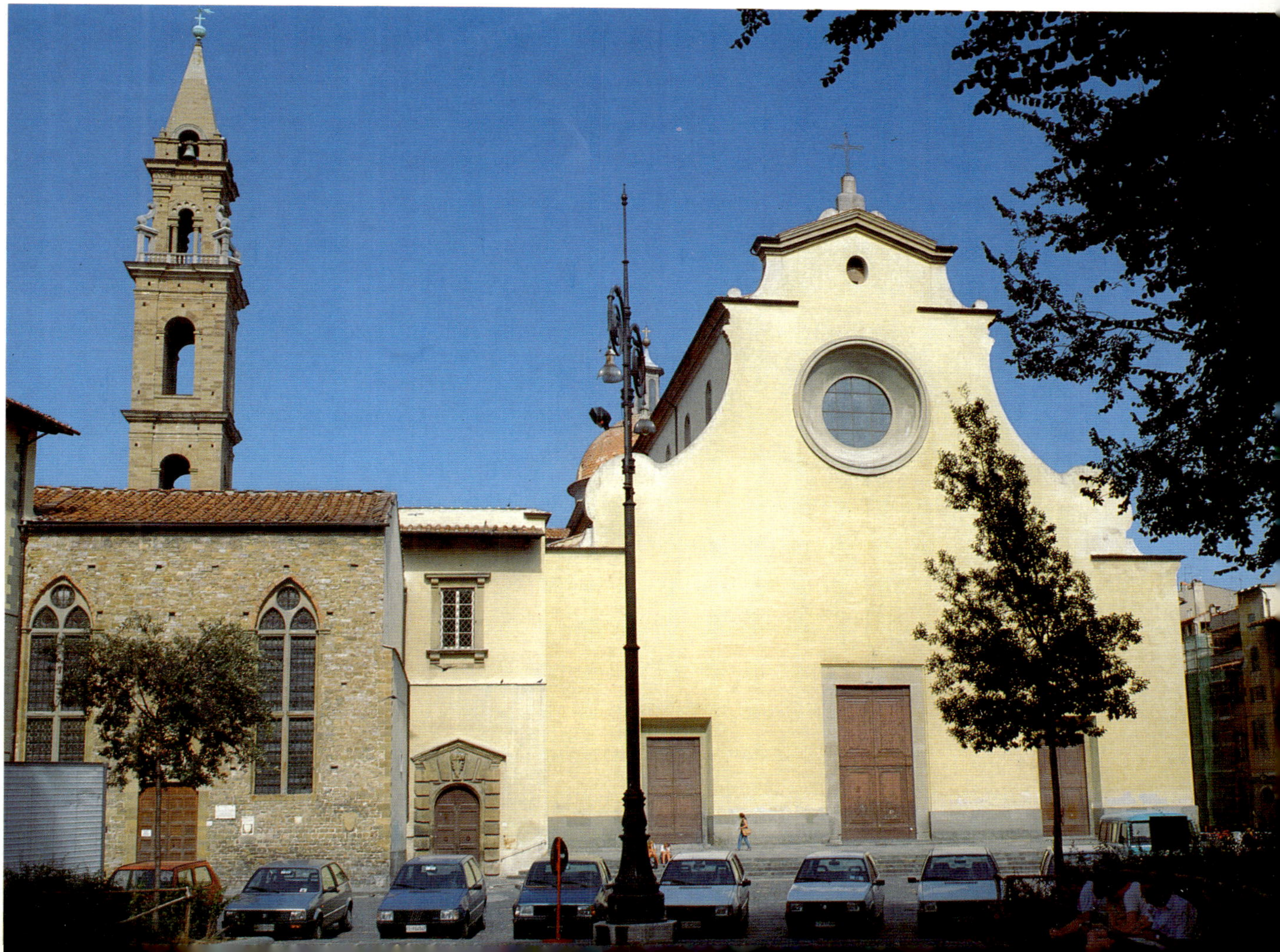

S. MARIA DEL CARMINE

S. Maria del Carmine ist ein Bauwerk aus dem 14. Jahrhundert, das bei einem Brand 1771 fast vollständig zerstört wurde. In seinem Innern befindet sich die **Cappella Brancacci**, in deren rechtem Querschiff ein Freskenzyklus von Masolino und besonders von Masaccio zu sehen ist, der aus den Jahren 1425 bis 1428 stammt (von Masolino stammt sicher die Versuchung Adams, von Masaccio die berühmte Vertreibung aus dem Paradies und eine Serie von Szenen aus dem Leben des Heiligen Petrus, unter anderem die bekannte Episode des Tributs an den Zöllner). Die Fresken wurden von Filippino Lippi vollendet.

DIE BRANCACCI-KAPELLE: DAS RESTAURIERTE WERK

In dieser Kapelle befindet sich einer der schönsten Freskenzyklen der westlichen Welt, und das dank der Malereien des Masaccio, der hier mit Masolino zusammen von 1425 bis 1427 tätig war. Filippino Lippi hat die Geschichte fünfzig Jahre später vollendet.
Die vor kurzem beendete Restaurierung (1984-1988) brachte die einmalige ursprüngliche Dimension wieder ans Licht, wie wir auch aus den beiden Details, *dem Zinsgroschen* von Masaccio, und der *Auferstehung des Tabita* von Masolino sehen können.

Links: die Fassade der Kirche Carmine; unten links: das Schiff der Kirche und rechts: die mit Fresken versehene Kuppel.

Gegenüber: einige Bilder von den Fresken der Brancacci-Kapelle, denen vor kurzem durch sorgfältige Restaurierung zu ihrem ursprünglichen Glanz verholfen wurde.

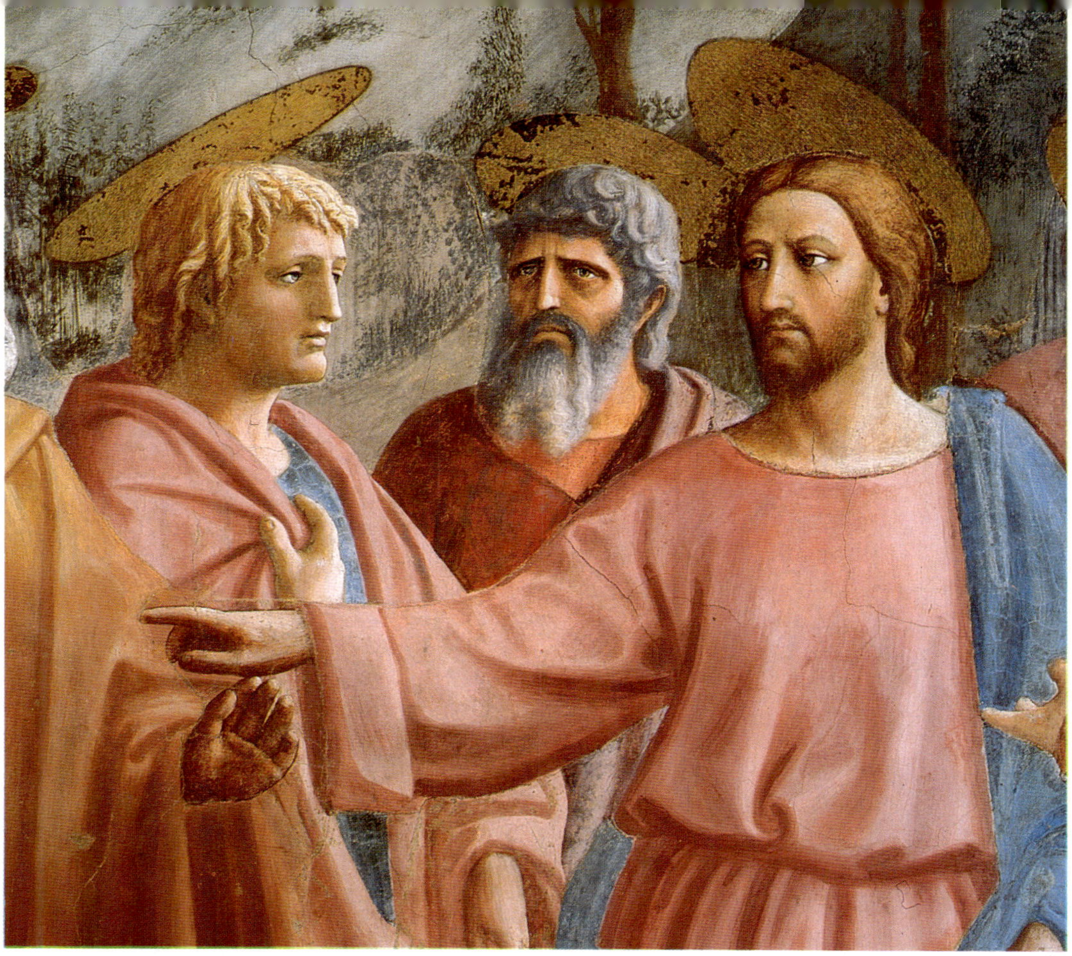

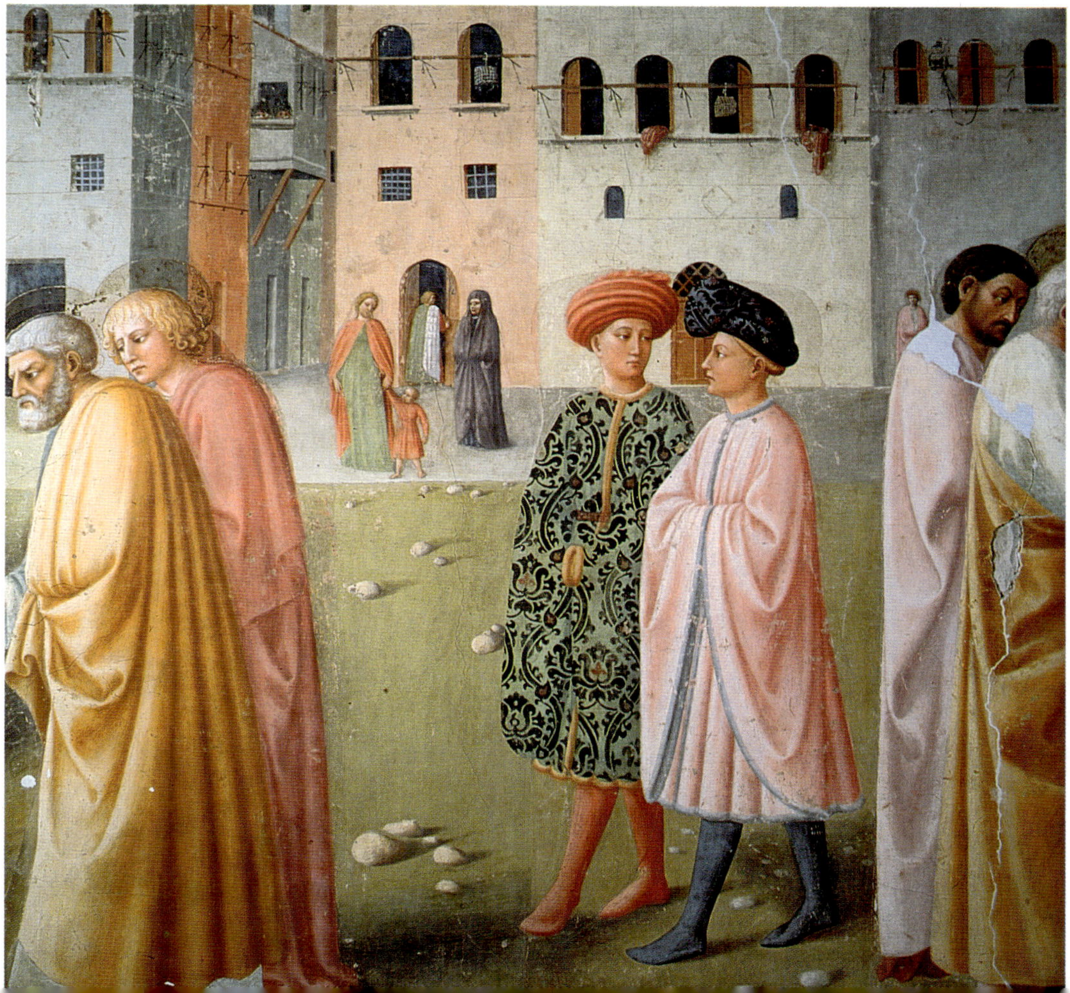

Oben: die Fassade der Kirche S. Trinita; rechts: die Anbetung der Hirten von Ghirlandaio.

SANTA TRINITA

Diese Kirche stammt aus dem 11. Jahrhundert, wurde im 13. und 14. Jahrhundert rekonstruiert und vergrößert und besitzt eine geradlinige Fassade, die mit einem *Maskeron* aus Stein von Buontalenti (1593) geschmückt ist. Seiner Lage wegen (es liegt zwischen der Via Tornabuoni und der Brücke S. Trinita) gehört dieses Bauwerk zu den bekanntesten Kirchen von Florenz. Die Überlieferung schreibt Andrea Pisano ihren Entwurf zu, sie entstand aus dem Umbau eines schon vorher bestehenden Vallombrosaner-Klosters. Der einfache, schlichte Innnenraum enthält bedeutende Kunstwerke wie die *Madonna und Heilige* von Neri di Bicci (1491), die *Verkündigung* von Lorenzo Monaco (1425) und die *Anbetung der Hirten* von Ghirlandaio (1485). Ebenfalls von Ghirlandaio stammen die Fresken der **Cappella Sassetti** (1483-1486); die *Grabmäler* der Familie Sassetti sind von Giuliano da Sangallo.

WEITERE SEHENSWERTE KIRCHEN

Hier sieht man, von oben: die **Kirche San Salvatore al Vescovo**, die mit ihrer romanischen Front, mit Blendarkaden nach dem Jahr 1.000 errichtet wurde; die **Chiesa di Badia** von 978, mit einem Portal von Benedetto da Rovezzano (1495) und einer Lünette aus dem 16. Jh. und schließlich die **Chiesa di San Carlo dei Lombardi**, die zwischen dem 14. und 15. Jh. von Benci di Cione, Nero di Fioravante und Simone Talenti geschaffen wurde. Unten folgt: die **Chiesa di San Salvi**, sie entstand 1048 als Abteikirche und wurde mehrfach verändert; die **Chiesa dei SS. Apostoli** aus dem 11. Jh. mit Umbauten aus dem 16. Jh., einer romanischen Fassade und einem eindrucksvollen Innenraum und schließlich die **Chiesa di San Gaetano**; ihre Stirnseite entstand aufgrund der Umbauten von Gherardo Silvani im 17. Jh.

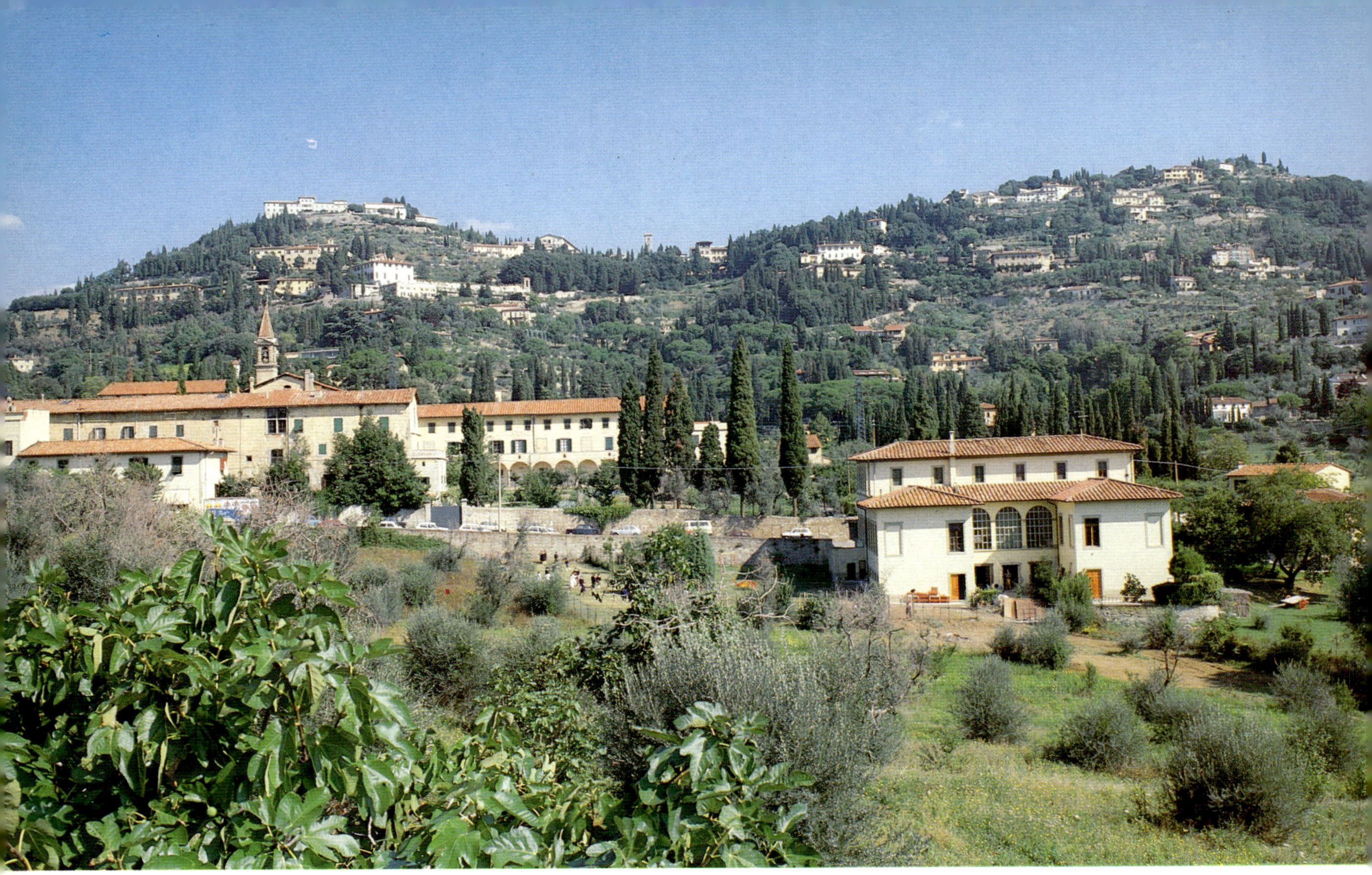

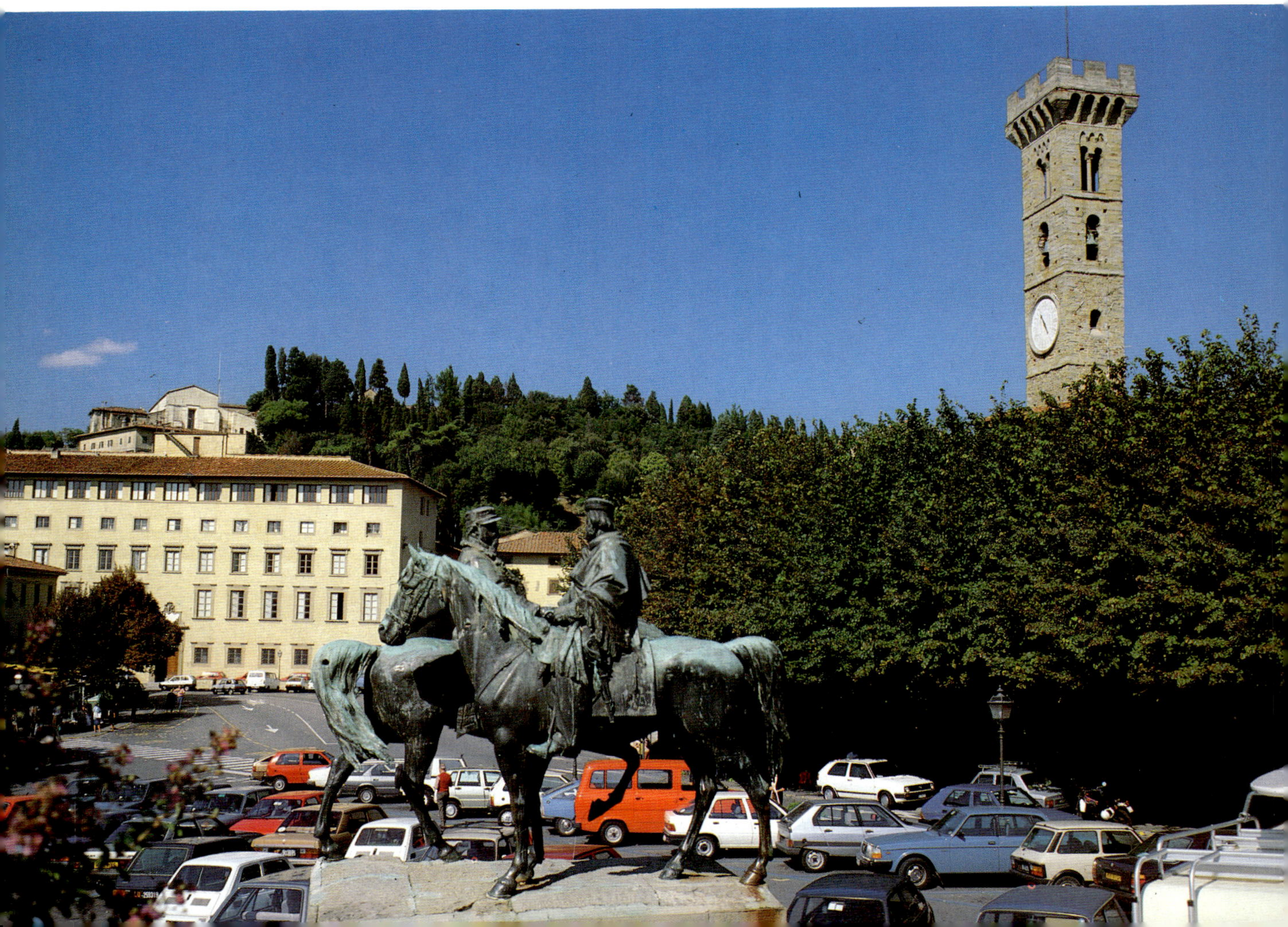

Auf der Seite gegenüber, oben: eine Ansicht der beiden Anhöhen von Fiesole; unten: die Piazza Mino da Fiesole. Auf dieser Seite, oben: die Kirche S. Francesco und rechts: das römische Theater.

FIESOLE

Es handelt sich um eine sehr alte Stadt, die auf einem Hügel oberhalb von Florenz liegt. Die sehr schöne **Piazza Mino da Fiesole** bildet das Zentrum, in dem sich auch die große **Kathedrale des Hl. Romolo** befindet. Sie stammt aus dem 11. Jh.; in ihr finden wir die berühmte *cappella Salutati*, die Cosimo Rosselli im 15. Jh. ausmalte und das *Grabmahl des Bischofs Salutati* von Mino da Fiesole. Gegenüber der Kathedrale steht der **Bischofspalast** (11. Jh.) und die sehr alte **Chiesa di Santa Maria Primerana**. Von hier aus kann man zu der **Kirche** und dem **Kloster des Hl. Franz** hinaufsteigen (14. Jh.), in dem das **ethnographische Museum der Mission** untergebracht ist, in dem interessante etruskische Funde zu sehen sind. Von dem Platz aus gelang man direkt zum **Archäologischen Museum** und dem wunderschönen Römischen **Theater** aus dem I. Jh. v.Ch., in dem Theateraufführungen und Kinoveranstaltungen stattfinden. In der Nähe finden wir die römischen **Thermen** und den etruskisch-römischen **Tempel**. Erwähnenswert ist auch das berühmte **Bandini Museum**, in dem Skulpturen und Gemälde aus dem 13. bis 14. Jh. ausgestellt werden. Auch die sehr alte **Basilika des Hl. Andrea** ist einen Besuch wert.

INHALTSVERZEICHNIS